ELIANA ALMEIDA e ANINHA ABREU

Vamos Trabalhar

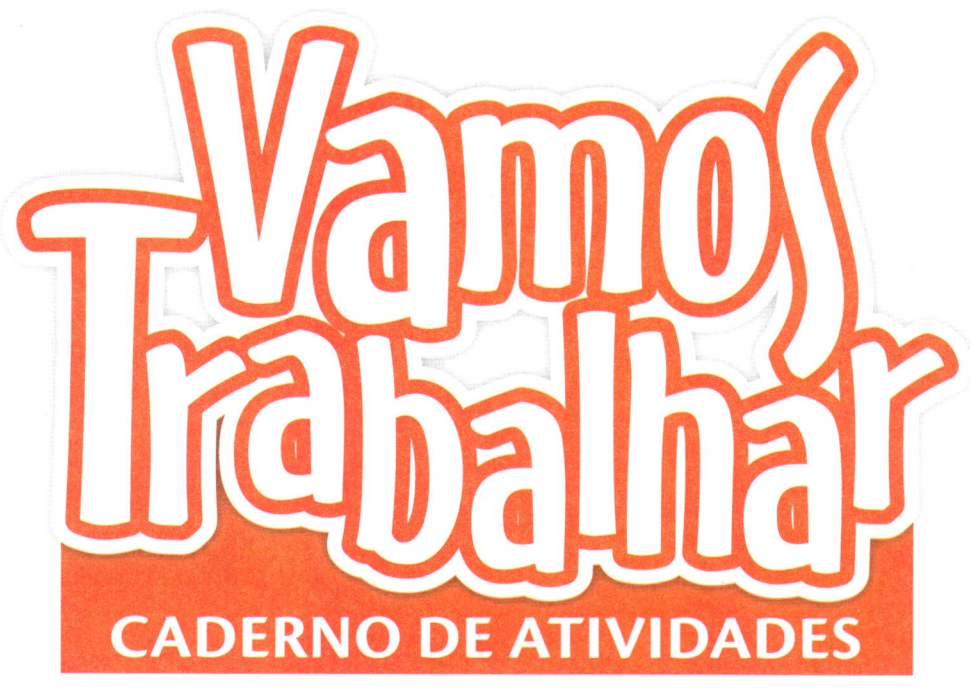

CADERNO DE ATIVIDADES

LÍNGUA PORTUGUESA • MATEMÁTICA • HISTÓRIA • GEOGRAFIA • CIÊNCIAS

CB015107

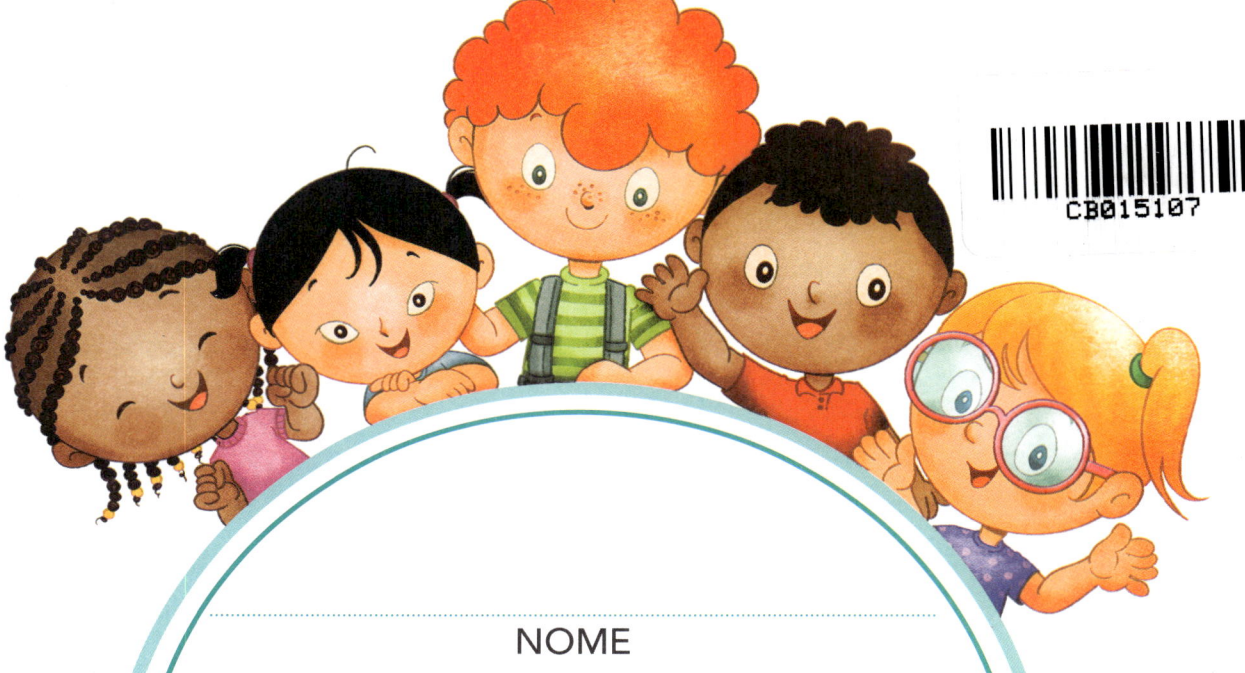

NOME

PROFESSOR

ESCOLA

4º ANO

ENSINO FUNDAMENTAL

Editora do Brasil

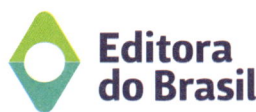

Dados Internacionais de Catalogação na Publicação (CIP)
(Câmara Brasileira do Livro, SP, Brasil)

Almeida, Eliana
  Vamos trabalhar : caderno de atividades, 4º ano : língua portuguesa, matemática, história, geografia, ciências / Eliana Almeida e Aninha Abreu. – São Paulo : Editora do Brasil, 2015.

  Bibliografia.
  ISBN 978-85-10-06062-2 (aluno)
  ISBN 978-85-10-06063-9 (professor)

  1. Ciências (Ensino fundamental) 2. Geografia (Ensino fundamental) 3. História (Ensino fundamental) 4. Língua portuguesa (Ensino fundamental) 5. Matemática (Ensino fundamental) I. Abreu, Aninha. II. Título.

15-06320 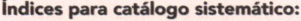 CDD-372.19

Índices para catálogo sistemático:
1. Ensino integrado : Livros-texto : Ensino fundamental 372.19

© Editora do Brasil S.A., 2015
Todos os direitos reservados

Direção geral: Vicente Tortamano Avanso
Direção adjunta: Maria Lucia Kerr Cavalcante de Queiroz

Direção editorial: Cibele Mendes Curto Santos
Gerência editorial: Felipe Ramos Poletti
Supervisão editorial: Erika Caldin
Supervisão de arte, editoração e produção digital: Adelaide Carolina Cerutti
Supervisão de direitos autorais: Marilisa Bertolone Mendes
Supervisão de controle de processos editoriais: Marta Dias Portero
Supervisão de revisão: Dora Helena Feres
Consultoria de iconografia: Tempo Composto Col. de Dados Ltda.

Coordenação de edição: Carla Felix Lopes
Assistência editorial: Juliana Pavoni e Monika Kratzer
Auxílio editorial: Natália Santos
Coordenação de revisão: Otacilio Palareti
Copidesque: Ricardo Liberal e Sylmara Beletti
Revisão: Alexandra Resende, Ana Carla Ximenes, Andréia Andrade, Elaine Fares e Maria Alice Gonçalves
Coordenação de iconografia: Léo Burgos
Pesquisa iconográfica: Karina Tengan e Tatiana Lubarino
Coordenação de arte: Maria Aparecida Alves
Assistência de arte: Samira de Souza
Design gráfico: Samira de Souza
Capa: Andrea Melo
Imagem de capa: André Aguiar
Ilustrações: Alberto di Stefano, Alexandre Matos, André Aguiar, Bruna Ishihara, Camila de Godoy, DAE (Departamento de Arte e Editoração), Dawidson França, Flip Estúdio, Luis Moura, Paulo César Pereira, Paulo José, Roberto Weigand, Simone Ziasch e Waldomiro Neto
Produção cartográfica: Alessandro Passos da Costa, DAE (Departamento de arte e editoração), Sonia Vaz, Studio Caparroz
Coordenação de editoração eletrônica: Abdonildo José de Lima Santos
Editoração eletrônica: Adriana Albano, Gabriela César e Sérgio Rocha
Licenciamentos de textos: Cinthya Utiyama, Paula Harue Tozaki e Renata Garbellini
Coordenação de produção CPE: Leila P. Jungstedt
Controle de processos editoriais: Beatriz Villanueva, Bruna Alves, Carlos Nunes e Rafael Machado

O Pequeno Príncipe. Trademark Protected. LPP612Property. LUK Marcas de Valor (www.opequenoprincipe.com). "Le Petit Prince", "O Pequeno Príncipe", os personagens e as principais citações do livro são marcas de Succession de Antoine de Saint-Exupéry, representada no Brasil por LuK Marcas de Valor Ltda. Todos os direitos reservados.

O poema *O porquinho*, de autoria de Vinicius de Moraes, foi autorizado pela VM EMPREENDIMENTOS ARTÍSTICOS E CULTURAIS LTDA., além de: © VM e © CIA. DAS LETRAS (EDITORA SCHWARCZ).

1ª edição / 13ª impressão, 2024
Impresso na Melting Color

Editora do Brasil

Avenida das Nações Unidas, 12901
Torre Oeste, 20º andar
São Paulo, SP – CEP: 04578-910
Fone: +55 11 3226-0211
www.editoradobrasil.com.br

abdr
ASSOCIAÇÃO BRASILEIRA DOS DIREITOS REPROGRÁFICOS
Respeite o direito autoral

APRESENTAÇÃO

Querido aluno,
Este poema foi feito especialmente para você.

Aprender
É bom brincar, correr, pular e sonhar.
Agora chegou a hora de
ler, escrever e contar.
Com o livro *Vamos trabalhar*,
descobertas você fará.
E muito longe chegará.

Língua Portuguesa, Matemática,
História, Geografia e Ciências.
Tudo isso você estudará.
Contas, frases, poemas, histórias e textos.
Muitas coisas para falar, guardar e lembrar.

Um abraço e bom estudo!
As autoras

AS AUTORAS

Eliana Almeida

- Licenciada em Artes Práticas
- Psicopedagoga clínica e institucional
- Especialista em Fonoaudiologia (área de concentração em Linguagem)
- Pós-graduada em Metodologia do Ensino da Língua Portuguesa e Literatura Brasileira
- Psicanalista clínica e terapeuta holística
- Master practitioner em Programação Neurolinguística
- Aplicadora do Programa de Enriquecimento Instrumental do professor Reuven Feuerstein
- Educadora e consultora pedagógica na rede particular de ensino
- Autora de vários livros didáticos

A meus amados pais, Elionário e Maria José; minhas filhas, Juliana e Fabiana; meu filho, Fernando; meus netos, Raiana e Caio Antônio; e meus generosos irmãos, todo o meu amor.

Eliana

Aninha Abreu

- Licenciada em Pedagogia
- Psicopedagoga clínica e institucional
- Especialista em Educação Infantil e Educação Especial
- Gestora de instituições educacionais do Ensino Fundamental e do Ensino Médio
- Educadora e consultora pedagógica na rede particular de ensino
- Autora de vários livros didáticos

Agradeço a Deus e a toda minha família pelo apoio, carinho e compreensão!

Aninha

"O essencial é invisível aos olhos."
(Antoine de Saint-Exupéry)

SUMÁRIO

Língua Portuguesa

Alfabeto 7
Encontro vocálico 9
    Ditongo, tritongo, hiato 9
S após ditongo 11
Encontro consonantal 13
Dígrafo 15
Tipos de frase 17
Dois-pontos e travessão 19
Cedilha 21
Acentuação 23
Sílaba tônica 25
    Revisando as sílabas tônicas 27
Palavras com AS, ES, IS, OS, US 29
Substantivos próprios, comuns e coletivos 31
Gênero do substantivo 33
Número do substantivo 35
    Plural dos substantivos com til 37
Substantivos simples e compostos 39
Substantivos primitivos e derivados 41
Grau do substantivo 43
    Revisando o grau do substantivo 45
Substantivos concretos e abstratos 47
    Revisando substantivos concretos
    e abstratos 49
Artigo 51
Palavras com X e CH 53
Palavras com G e J 55
Uso semântico do diminutivo 57
Palavras com CE, CI, SE e SI 59
Adjetivo 61
Um pouco mais sobre adjetivos 63
Grau do adjetivo 65
Um pouco mais sobre o grau do adjetivo 67
Palavras com L e LH 69
Numerais 71
Reticências 73
Uso do HÁ e do A 75
Pronome pessoal do caso reto 77
Palavras com L e U no final de sílabas 79
    Plural de palavras terminadas em L e U 81
Linguagem formal e linguagem informal 83
Palavras com AR, ER, IR, OR, UR 85
Verbos 87
Verbos no infinitivo 89
Conjugações verbais 91
    Revisando as conjugações verbais 93
Palavras com ISAR e IZAR 95
Tempos verbais 97
Verbos terminados em RAM e RÃO 99
    Revisando verbos 101
    Revisando conjugações verbais 103
    Revisando tempos verbais 105
Pronome pessoal do caso oblíquo 107
Pronome de tratamento 109
Palavras com consoantes mudas 111
Advérbio 113
MAL e MAU 115
MAS e MAIS 117
Preposição 119
Uso do X 121
Palavras com X e CH 123
Interjeição 125
    Revisando as interjeições 127
Revisão final 129

Matemática

- Números naturais 131
- Sistema de numeração decimal 133
- Um pouco mais sobre sistema de numeração decimal 135
- Números pares e números ímpares 137
- Números romanos 139
- Números ordinais 141
- 3ª classe – os milhões 143
- Valor absoluto e valor relativo 145
- Adição de números naturais 147
- Propriedades da adição 149
- Subtração de números naturais 151
- Verificando a adição e a subtração 153
- Expressões numéricas com adição e subtração 155
- Multiplicação de números naturais 157
- Multiplicação com mais de um algarismo no multiplicador 159
- Propriedades da multiplicação 161
- Expressões numéricas com multiplicação, adição e subtração 163
- Divisão de números naturais 165
- Verificando a multiplicação e a divisão 167
- Divisão por dois algarismos 169
- Expressões numéricas com as quatro operações 171
- Múltiplos de um número 173
- Divisores de um número 175
- Números primos e números compostos 177
- Frações 179
- Frações próprias, impróprias e aparentes 181
- Frações equivalentes 183
- Frações de quantidade 184
- Adição de frações com o mesmo denominador 185
- Subtração de frações com o mesmo denominador 187
- Números decimais 189
- Frações decimais 191
- Mais informações sobre números decimais 193
- Adição com números decimais 195
- Subtração com números decimais 197
- Multiplicação com números decimais 199
- Multiplicação de números decimais por 10, 100 e 1 000 201
- Divisão de números decimais por 10, 100 e 1 000 202
- Geometria 203
  - Reta, curva, semirreta e segmento 203
  - Ângulos 205
  - Polígonos 207
  - Triângulos 209
  - Quadriláteros 211
- Medidas de tempo 213
  - Outras medidas do tempo 215
- Medidas de massa 217
- Medidas de capacidade 219
- Medidas de comprimento 221

História

- Como conhecer nossa história? 223
- As Grandes Navegações 225
- Ilha! Terra! Brasil: Cabral chegou! 227
- A "nova terra" já era habitada 229
- A posse, a divisão das terras e o primeiro governo do Brasil 231
- Brasil e África: escravidão 233
- Os bandeirantes 235
- Da colônia ao império 237
- Novas formas de governo: império e regências 239
- O Império de D. Pedro II 241
- Segundo Império: novas conquistas 243

Geografia

- Município: uma divisão territorial 245
- Administração pública 247
- Pontos cardeais 249
- A Terra não está parada 251
- Diferentes relevos, diferentes paisagens 253
- Água: um recurso essencial à vida 255
- Água: uso e preservação 257
- Brasil: tempo atmosférico e clima 259
- Vegetação brasileira 261
- Atividades econômicas no campo 263
- Atividades econômicas no campo e na cidade 265

Ciências

- O Universo 267
- O Universo e a Astronomia 269
- A formação da Terra 271
- Planeta Terra: nossa morada 273
- O solo 275
- Tipos de solo 277
- A atmosfera 279
- Vento e propriedades do ar 281
- A água no planeta Terra 283
- Estados físicos da água 285
- Terra: planeta de biodiversidade 287

NOME: _____ DATA: _____

Alfabeto
Vamos ler

A gramática em cordel
No nosso alfabeto, as letras
Eram apenas vinte e três
O "K", o "W" e o "Y"
Chegaram de uma só vez
Hoje o nosso abecedário
Nos aponta vinte e seis.

Nossa língua, o português
Oferece aos estudantes
As suas vinte e seis letras
Que são sinais importantes:
Além das cinco vogais
Vinte e uma consoantes.

Das vogais às consoantes
Quero, uma a uma, explicar:
As letras trazem fonemas –
E pra mais claro ficar,
Os fonemas são os sons
Que usamos pra falar.

Zé Maria de Fortaleza. *A gramática em cordel*. Fortaleza: Editora Imeph, 2010. p. 6.

Atividades

1 Ordene as letras em ordem alfabética.

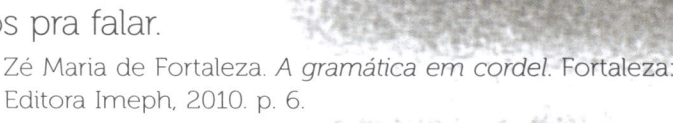

Mm – Cc – Pp – Aa – Kk – Uu – Jj
Ww – Dd – Hh – Zz – Bb – Ss – Vv
Ee – Tt – Gg – Rr – Yy – Ff – Oo
Ii – Nn – Xx – Ll – Qq

_____
_____
_____

Língua Portuguesa

2 Observe as imagens a seguir e escreva o nome delas em ordem alfabética.

_____

_____

Não confunda fonema com letra! **Fonema** é a menor unidade sonora da fala.
Letra é a representação gráfica do fonema.

3 Separe as sílabas das palavras a seguir e registre o número de letras e fonemas que elas apresentam.

Palavra	Sílabas	Letras	Fonemas
planeta			
homem			
celular			
carro			
mochila			
ninho			
professor			
camarão			
televisão			
pessoa			

NOME: _____ DATA: _____

Encontro vocálico
Ditongo, tritongo, hiato

Vamos cantar

1ª Copa do Mundo

O mundo do futebol
Agora conhecerá
A história dos mundiais
Que este cordel contará
Artilheiros, seleções
E todos os campeões
Dos anos 30 pra cá

O Uruguai sediou
O primeiro Mundial
Mil novecentos e trinta (1930)
Foi o marco inicial
Ano que está na memória
Como portal da história
Desse esporte sem igual
[...]
Durante uma conferência
Em Barcelona, na Espanha
O mundo toma ciência
Que a primeira copa vai
Ser feita no Uruguai
No ano da independência

[...]
Não houve eliminatórias
Mas a copa aconteceu
Com poucos participantes
Mesmo assim ela ocorreu
Quem veio participou
Quem não veio não entrou
Na história que se deu

[...]
De 13 a 30 de julho
Realiza-se o evento
Na capital uruguaia
Onde o futebol atento
É o maior vencedor
Sem suscitar perdedor
Marcando o mais belo tento

[...]
Brasil, Estados Unidos
Iugoslávia, Paraguai
Argentina, Chile, Bélgica
Romênia, México, Uruguai
Bolívia, França e Peru
Derrubaram o tabu
E a Copa do Mundo sai

Cordel de Abdias Campos. Disponível em: <www.abdiascampos.com.br/v2/cordel/copa_uruguai_italia.html>. Acesso em: maio 2015.

> **Encontro vocálico** – duas ou mais vogais juntas na mesma palavra.
> - **Ditongo** – duas vogais juntas na mesma sílaba.
> - **Tritongo** – três vogais juntas na mesma sílaba.
> - **Hiato** – duas vogais vizinhas em sílabas separadas.

Atividades

1 Circule no cordel todas as palavras com encontros vocálicos.

2 Copie do cordel cinco palavras com ditongo.

_____

3 Copie do cordel três palavras com tritongo.

_____

4 Copie do cordel três palavras com hiato e separe as sílabas delas.

_____

5 Separe as sílabas das palavras e classifique os encontros vocálicos escrevendo **D** para ditongo, **T** para tritongo e **H** para hiato.

a) madeira _____ ☐

b) averiguei _____ ☐

c) tesouro _____ ☐

d) piano _____ ☐

e) baleiro _____ ☐

f) saúde _____ ☐

g) azeite _____ ☐

S após ditongo

Vamos ler

Luis Augusto. *Fala, menino!: as tiras em quadrinhos.* São Paulo: Manole, 2010. p. 36.

Após o **ditongo** usamos a letra **s** e, neste caso, ela terá som de **z**.

Atividades

1 Copie da história em quadrinhos as palavras com ditongo seguido de **s**.

_____

2 Complete as palavras com os ditongos do quadro e escreva-as.

| ou | ai | au | oi | eu | ei |

a) p____sada _____

b) ____sente _____

c) c____sas _____

d) f____são _____

e) Cl____sa _____

f) b____jo _____

Língua Portuguesa 11

3 Complete as palavras com **s** ou **z** e separe as sílabas delas.

a) coi____a _____

b) a____eitona _____

c) zon____eira _____

d) pou____o _____

e) náu____ea _____

f) pai____agem _____

g) mau____oléu _____

h) a____eite _____

i) Neu____a _____

j) ____oeira _____

k) ou____adia _____

l) cau____alidade _____

m) au____ência _____

n) lou____a _____

4 Escreva o nome de cada figura e circule apenas os que apresentam ditongo.

a) _____

b) _____

c) _____

d) _____

e) _____

f) _____

g) _____

h) _____

i) _____

Língua Portuguesa

NOME: _____ DATA: _____

Encontro consonantal

Vamos ler

Uma casa muito encantada

O livro é casa
bem planejada
desde o teto
até a entrada.

E você pode
entrar nela, sim,
abrindo a capa
que é o jardim.

Depois repare:
paredes-páginas,
e como tijolos,
palavras mágicas.

Cada parede
tem um janelão
pra liberdade
e a reflexão.

A casa é pintada
pelo ilustrador
que junta suas cores
com as do autor...

Neusa Sorrenti. *Poemas empoleirados no fio do tempo*. Belo Horizonte: Autêntica, 2013. p. 32.

Encontro consonantal é a sequência, em uma palavra, de duas ou mais consoantes que representam sons distintos. Elas podem estar na mesma sílaba ou não.

Atividades

1 Circule no poema as palavras com encontro consonantal e escreva-as a seguir.

_____

_____

_____

_____

Língua Portuguesa 13

2 Encontre no diagrama o nome das figuras a seguir.

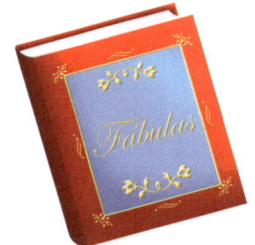  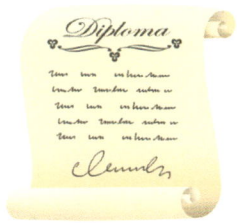

I	G	L	U	W	Q	R	T	F	D	G	P	T
S	A	T	Y	W	R	Y	H	N	I	X	Z	R
R	D	Q	D	Q	Z	T	Q	Q	P	G	O	A
M	I	C	R	O	F	O	N	E	L	H	P	T
F	T	Q	A	S	X	Y	W	E	O	J	A	O
G	E	W	G	D	C	U	F	R	M	K	S	R
H	W	E	Ã	F	V	I	L	T	A	L	D	T
K	Ç	T	O	G	B	O	O	Y	K	Ç	F	U
M	Z	R	W	H	N	G	R	A	V	A	T	A
L	I	V	R	O	M	P	K	J	Q	Q	G	I

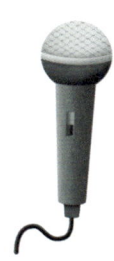

3 Complete as palavras com encontros consonantais e separe as sílabas delas.

a) ____iança _____

b) bi____ioteca _____

c) om____o _____

d) re____exo _____

e) pala____a _____

f) mes____e _____

g) di____o _____

h) ____atina _____

i) bici____eta _____

j) ri____o _____

k) a____etivo _____

l) a____urdo _____

m) ci____o _____

n) ____echa _____

Língua Portuguesa

NOME: _____ DATA: _____

Dígrafo

Vamos ler

O foguete afaga a Terra
Quem viu voar um foguete
com cara de rabanete?
Foguete com rabo de fogo
que aquece a Terra de longe?

O foguete fagulha no espaço,
parece que falta pedaço:
se sobe da Terra que aquece,
vence o céu que abraça
em carinho de nuvem fumaça...

Depois vem e se passa
por floquinho de nuvem,
arroz!

Gláucia de Souza. *Astro Lábio*.
Porto Alegre: Projeto, 1998. p. 13.

> **Dígrafo** é a sequência, em uma palavra, de duas letras que representam apenas um som (fonema).

Atividades

1 Copie do poema palavras com os dígrafos a seguir.

a) qu _____

b) gu _____

c) lh _____

d) nh _____

e) rr _____

f) ss _____

2 Complete as palavras com os dígrafos consonantais a seguir e escreva-as.

| qu | gu | sc | sç | xc | ch | nh | lh | ss | rr |

a) ____iclete _____

b) ma____agem _____

c) pa____aço _____

d) ____ia _____

e) cre____a _____

f) gali____a _____

g) flore____er _____

h) ga____afa _____

i) ____eijo _____

j) de____o _____

k) ____uva _____

l) san____e _____

m) es____ilo _____

n) se____a _____

o) agasa____o _____

p) e____eção _____

q) a____ado _____

r) ni____o _____

3 Leia as palavras do quadro a seguir e classifique-as em dígrafos separáveis (**rr**, **ss**, **sc**, **xc**) e dígrafos inseparáveis (**nh**, **ch**, **lh**, **gu**, **qu**).

foguete	chuchu	pêssego	desçam
piscina	querido	crescer	carinho
osso	cigarra	milho	excelente

a) Dígrafos separáveis: _____

_____

b) Dígrafos inseparáveis: _____

_____

4 Escolha uma das palavras da atividade anterior e escreva uma frase com ela.

_____

_____

_____

Língua Portuguesa

NOME: _____ DATA: _____

Tipos de frase

Vamos ler

A cigarra e as formigas

Num belo dia de inverno as formigas estavam tendo o maior trabalho para secar suas reservas de trigo. Depois de uma chuvarada, os grãos tinham ficado completamente molhados. De repente aparece uma cigarra:

— Por favor, formiguinhas, me deem um pouco de trigo! Estou com uma fome danada, acho que vou morrer.

As formigas pararam de trabalhar, coisa que era contra os princípios delas, e perguntaram:

— Mas por quê? O que você fez durante o verão? Por acaso não se lembrou de guardar comida para o inverno?

— Para falar a verdade, não tive tempo — respondeu a cigarra. — Passei o verão cantando!

— Bom... Se você passou o verão cantando, que tal passar o inverno dançando? — disseram as formigas, e voltaram para o trabalho dando risada.

Moral: Os preguiçosos colhem o que merecem.

Fábulas de Esopo.

Atividades

1 Sublinhe na fábula frases que tenham as características citadas a seguir e escreva-as. Use as cores indicadas para sublinhá-las.

a) ■ Uma frase declarativa afirmativa.

_____

_____

b) ■ Uma frase declarativa negativa.

_____

_____

Língua Portuguesa

c) ■ Uma frase interrogativa.

_____

_____

d) ■ Uma frase exclamativa.

_____

_____

e) ■ Uma frase com vírgula.

_____

_____

2 Classifique as frases de acordo com a legenda.

DA – declarativa afirmativa   **E** – exclamativa
DN – declarativa negativa   **I** – interrogativa

a) O pássaro fugiu da gaiola. ☐

b) Adoro a estação das flores! ☐

c) Você quer ser meu amigo? ☐

d) Não gosto de ir ao dentista. ☐

3 Complete a parlenda com a seguinte pontuação: . , ! e ? . Depois, confira com o professor se você acertou.

— Ai ☐ ai ☐

— Que tem ☐

— Saudades ☐

— De quem ☐

— Do meu bem ☐

— Quem é seu bem ☐

— O cravo ☐ a rosa ☐

a malva cheirosa ☐

Parlenda.

NOME: _____ DATA: _____

Dois-pontos e travessão

Vamos ler

Esperto pra cachorro!

Um gato estava caçando um rato. Corre pra lá, corre pra cá... o rato consegue se esconder em sua toca. Depois de uns minutos escondido, o rato escuta bem próximo:

— Au! Au! Au! Au!

Pensando que a barra está limpa, o rato sai da toca e o gato, zapt!, apanha o rato. Antes de ser engolido, o rato pergunta:

— Ué, pensei ter ouvido um cachorro aqui perto, por isso achei que a barra estava limpa...

E o gato:

— Pois é! Hoje em dia, quem não fala dois idiomas não sobrevive...

Luiz Aviz. *As melhores piadas para criança*. 2. ed. Rio de Janeiro: Saraiva; Record, 2013. p. 21.

> Os **dois-pontos** (:) são usados para indicar uma enumeração ou anunciar a fala de personagens em textos escritos.
> O **travessão** (—) é usado para separar elementos da frase ou indicar o momento da fala de personagens em textos escritos (diálogos).

Atividades

1 Sublinhe na piada frases que tenham as características citadas a seguir e escreva-as. Use as cores indicadas para sublinhá-las.

a) ■ Uma frase que termina com dois-pontos.

_____
_____

b) ■ Uma frase com travessão.

_____
_____

2 Complete o poema com a seguinte pontuação: : ou —. Depois, confira com o professor se você acertou.

A vizinhança

[...]
Todo dia de verão
a rua vira folia.
E todo dia é a mesma história
de manhã, hora de escola;
de tarde, o bate-bola,

e bate-boca com o vizinho ☐

☐ Dá a bola, seu Afonso!

☐ Não devolvo, não, senhor!

Já quebraram minha vidraça,
e acertaram meu pastor!

Quando chove, a molecada
se recolhe, maldizendo,
e as plantinhas fazem festa ☐

☐ Mas que bom, está chovendo!

[...]

Claudio Thebas. *Amigos do peito*. 14. ed. Belo Horizonte: Formato, 1996. p. 11.

3 Ligue as informações aos sinais de pontuação que correspondem a elas.

a) Indica admiração, emoção, espanto. ●

b) Indica que a frase terminou. ●

c) Indica explicação, enumeração, anuncia um diálogo. ●

d) Indica uma pequena pausa, separa termos, datas, enumerações. ●

e) Indica a fala de uma pessoa ou personagem. ●

f) Indica uma pergunta. ●

,

—

?

!

.

:

20 Língua Portuguesa

Cedilha

Vamos ler

O palhaço Sonhaço
No circo, é um só coro.
No circo, é só um berro:
é ouro, é ouro, é ouro,
é ferro, é ferro, é ferro,
é aço, é aço, é aço.
Ninguém pode com o Sonhaço!

E o palhaço Sonhaço
leva cada tombaço
de quebrar o espinhaço.

E o Sonhaço não se cansa
e pula e cai na dança.
E diz cada besteira!...
Sonhaço vira criança
e não há criança
que não caia na brincadeira.

Todo pachola, anda e rebola.
Bate ferro na cachola,
equilibra-se numa bola,
cai, grita, chora e rola.
Depois, o corpo todo balança
e diz que amassou a poupança.

Levanta-se fingindo dor,
costela quebrada, corpo dolorido.
Logo recomeça o estardalhaço
e o circo é todo som e colorido.
Sonhaço não conhece cansaço.

— Hoje tem goiabada?
— Tem, sim sinhô.
— Hoje tem marmelada?
— Tem sim sinhô.
— E o Sonhaço o que é?
— É ladrão de muié.

O palhaço Sonhaço
não conhece o fracasso.
O palhaço Sonhaço
parece feito de aço.

Elias José. *Namorinho de portão*. 2. ed. São Paulo: Moderna, 2002. p. 22-23.

> Usamos o sinal **cedilha** (¸) embaixo da letra **c** antes das vogais **a, o** e **u** para que fique com o som de **s**.
> Nunca usamos cedilha antes de **e** e **i** ou no início de palavras.

Atividades

1 Circule no poema as palavras com cedilha e escreva-as a seguir.

_____
_____
_____

2 Complete as palavras com **c** ou **ç** e escreva-as.

a) gar____a

c) mor____ego

e) on____a

b) ____egonha

d) ____igarra

f) ouri____o

3 Numere a segunda coluna de acordo com a primeira.

1 macaco, caqui, cubo ⬜ Letra **ç** antes das vogais **a**, **o** e **u** com som **ss**.

2 fumaça, moço, açúcar ⬜ Letra **c** antes das vogais **a**, **o** e **u**.

3 Cecília, cilada, cego ⬜ Letra **c** antes das vogais **e** e **i**.

4 Escreva uma frase usando uma palavra com **c** e outra com **ç**.

_____
_____
_____

Língua Portuguesa

NOME: _____ DATA: _____

Acentuação

Vamos ler

Você sabia?

O coqueiro é uma palmeira que foi introduzida no Brasil e aqui se adaptou de maneira exemplar. Seria difícil imaginar as praias do nordeste sem os tradicionais coqueiros embelezando a paisagem. Outra palmeira que foi introduzida é o dendê. Ela foi trazida da África pelos negros, que utilizavam seu óleo para embelezar seus cabelos e a sua pele.

Nas nossas florestas e em outros tipos de vegetação são comuns muitos tipos de palmeiras, entre eles o babaçu, o buriti, a carnaúba, o açaí e a pupunha.

Gisela Tomanik Berland. *Um tico-tico no fubá: sabores da nossa história.* São Paulo: Companhia Editora Nacional, 2005. p. 45.

Atividades

> O **acento agudo** (´) indica o som aberto das vogais, enquanto o **acento circunflexo** (^) indica o som fechado.
> Já o **til** (~) indica o som nasal das vogais **a** e **o**.

1 Copie do texto o que se pede a seguir.

a) Uma palavra com ~ : _____

b) Uma palavra com ´ : _____

c) Uma palavra com ^ : _____

Língua Portuguesa 23

2 Acentue corretamente as palavras a seguir e, em seguida, escreva-as.

a) frances _____   m) pessego _____

b) trovao _____   n) zangao _____

c) magico _____   o) onibus _____

d) voce _____   p) indio _____

e) dialogo _____   q) nataçao _____

f) tres _____   r) ingles _____

g) lingua _____   s) populaçao _____

h) poem _____   t) regua _____

i) incendio _____   u) lampada _____

j) epoca _____   v) canhao _____

k) raçao _____   w) chapeu _____

l) principe _____   x) maio _____

3 Encontre no diagrama as palavras do quadro a seguir.

óleo	tórax	fé	maçã	judô
óculos	sofá	mão	tênis	coração
anão	música	fêmur	céu	pavê

W	P	A	V	Ê	G	Y	Ç	Ó	K	M	Ã	O	R	T
F	R	T	H	Y	R	E	A	L	A	P	R	C	Y	Ê
É	T	F	Ê	M	U	R	J	E	G	C	F	M	I	N
A	F	D	M	X	D	T	Ç	O	S	É	S	A	N	I
Ó	C	U	L	O	S	O	K	A	N	U	Z	Ç	Ç	S
Y	G	D	M	R	I	A	N	Ã	O	M	S	Ã	R	T
P	T	Ó	R	A	X	J	X	N	F	A	Ç	D	Y	R
R	W	K	G	R	S	T	M	Ú	S	I	C	A	Z	X
Q	R	K	J	U	D	Ô	D	X	A	M	K	U	L	R
Ç	Y	A	I	Z	L	M	I	C	R	K	T	Z	U	G
C	O	R	A	Ç	Ã	O	K	S	O	F	Á	Y	A	Ç

Língua Portuguesa

Sílaba tônica

Vamos ler

Aniversário

Amanhã é o dia do aniversário do meu irmão e a madrinha dele está ajudando mamãe a fazer o bolo.

Vai ter um tambor e muitos soldadinhos marchando em cima do glacê, grama de coco ralado tingido de anilina verde e quatro velinhas em cima do tambor colorido.

Vou comer um soldadinho daqueles, como são bonitos em seus uniformes de gala!

Ou um pedaço de tambor, será que não vão fazer roncar minha barriga com barulho de banda de música?

Escolhi o soldadinho mais bonito e disse pra mamãe: esse aí é meu. Vou comer sozinha.

Mas a madrinha do meu irmão morava na cidade grande, onde as novidades chegavam primeiro e trouxera soldadinhos de plástico.

Wania Amarante. *Quarto de costura*. 4. ed. Belo Horizonte: Miguilim, 2000. p. 59.

Sílaba tônica é a sílaba pronunciada com mais força na palavra.
Observe a posição da sílaba tônica nestas palavras retiradas do poema e veja a classificação que elas recebem:
- ir-**mão** – última sílaba – oxítona;
- a-ni-ver-**sá**-rio – penúltima sílaba – paroxítona;
- **mú**-si-ca – antepenúltima sílaba – proparoxítona.

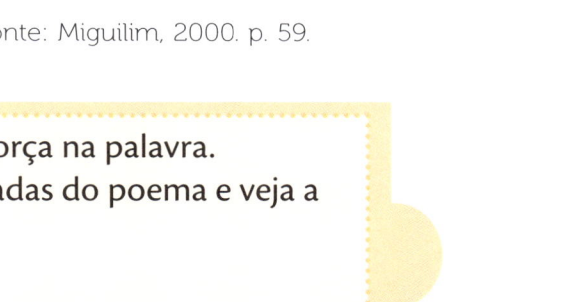

Atividades

1 Escreva a sílaba forte das palavras a seguir.

a) mágico _____   e) sofá _____   i) floresta _____

b) cabelo _____   f) sorvete _____   j) animal _____

c) livro _____   g) mulher _____   k) amigo _____

d) máquina _____   h) árvore _____   l) avião _____

2 Separe as sílabas das palavras e classifique-as quanto à sílaba tônica. Veja o exemplo.

a) saúde   sa-ú-de   paroxítona

b) hipopótamo   _____   _____

c) futebol   _____   _____

d) professor   _____   _____

e) fábula   _____   _____

f) boné   _____   _____

g) trabalho   _____   _____

h) caneta   _____   _____

3 Circule a sílaba tônica das palavras e organize-as no quadro a seguir.

fábrica	amor	cadeira
irmã	búfalo	caqui
livro	ciência	música
anzol	calção	jacaré
mamífero	fivela	lápis
telefone	estábulo	lâmpada

Oxítona	Paroxítona	Proparoxítona

26 **Língua Portuguesa**

NOME: _____ DATA: _____

Revisando as sílabas tônicas

Vamos ler

A árvore contente

— Hoje continuaremos o projeto sobre a família com uma árvore genealógica.

A professora Sílvia falou para a classe.

— Eu tenho duas famílias! — Marquinhos avisou.

— Que coincidência! Eu também! — Silvia sorriu. — Quem tiver duas famílias pode colocá-las na árvore, vai ser bem interessante.

As crianças então começaram a desenhar suas árvores: elas no centro, os irmãos do lado — quem tivesse, claro —, os pais e os tios acima. E os avós nos galhos superiores.

Telma Guimarães Castro Andrade. *A árvore contente*. São Paulo: Editora do Brasil, 2010. p. 2-4.

Atividades

1 Copie do texto o que se pede a seguir.

a) Duas palavras oxítonas.

_____

b) Duas palavras paroxítonas.

_____

c) Duas palavras proparoxítonas.

_____

2 Complete as frases com as palavras do quadro.

> oxítonas – paroxítonas – proparoxítonas

a) **Viver**, **maçã** e **você** são palavras _____, pois a sílaba tônica está na última sílaba.

b) **Médico**, **estômago** e **célula** são palavras _____, pois a sílaba tônica está na antepenúltima sílaba.

c) **Colégio**, **fazenda** e **morada** são palavras _____, pois a sílaba tônica está na penúltima sílaba.

3 Acentue as palavras de acordo com a sílaba tônica e classifique-as.

a) principe _____

b) caja _____

c) passaro _____

d) jacare _____

e) lingua _____

f) Amazonia _____

g) maracuja _____

h) retangulo _____

i) relogio _____

4 Faça a correspondência entre as colunas.

1 oxítona

2 paroxítona

3 proparoxítona

- [ ] sabonete
- [ ] ficou
- [ ] menina
- [ ] músico
- [ ] lápis
- [ ] página
- [ ] amanhã
- [ ] chocolate
- [ ] ônibus
- [ ] falar
- [ ] coração
- [ ] café

Língua Portuguesa

NOME: _____ DATA: _____

Palavras com AS, ES, IS, OS, US

Vamos ler

[...]
Se você fosse uma carta, que tipo de carta gostaria de ser?

Uma carta alegre, cheia de novidades?
Uma carta escrita em um bloco de papel, com linhas e margens...
ou em papel de carta colorido, com flores e passarinhos?

Uma carta comprida,
batida à máquina?

Carta que faz
rir... ou chorar?

Uma carta de amor?

Nye Ribeiro. *Jeito de ser*.
2. ed. São Paulo: Editora
do Brasil, 2013. p. 20-21.

Atividades

1 Circule no poema as palavras com **as**, **es**, **is**, **os** e **us**.

2 Complete as palavras com:

| as | es | is | os | us |

a) m____go

b) ____cova

c) v____tido

d) ônib____

e) rev____ta

f) c____co

g) ____pada

h) d____co

i) p____te

j) ____teira

k) m____ca

l) ____trela

m) b____to

n) láp____

o) p____tel

p) ____pelho

q) b____coito

r) ____cola

s) p____to

t) l____ma

u) m____quito

Língua Portuguesa 29

3 Escreva o nome das imagens a seguir. Depois, encontre e pinte no diagrama as palavras que você escreveu.

a) _____   c) _____   e) _____

b) _____   d) _____   f) _____

E	W	Z	R	E	V	I	S	T	A
S	E	R	B	Y	D	B	A	P	Q
P	T	Á	Ç	M	F	P	B	Z	Ô
E	Ç	J	K	O	B	Ç	D	B	N
L	D	P	A	S	T	E	L	W	I
H	R	A	Q	C	Q	Q	C	B	B
O	P	T	X	A	O	M	G	A	U
Q	K	T	Y	N	N	N	E	D	S
W	S	Á	M	B	Ô	L	Ç	W	Y
P	V	Q	M	Á	S	C	A	R	A

4 Complete as frases com algumas palavras do diagrama acima.

a) Oscar usou uma _____ no desfile de Carnaval.

b) O _____ de carne estava gostoso.

c) Peguei um _____ para chegar ao cinema.

d) A _____ que estou lendo fala sobre a poluição do nosso planeta.

30 Língua Portuguesa

Substantivos próprios, comuns e coletivos

Vamos ler

Meu aniversário

No aniversário da Ana
dei um cacho de banana.
No aniversário do Mário
tranquei o gato no armário.
No aniversário da Estela,
fui eu quem soprou a vela.
No aniversário do Rafa
dei um pacote de alfafa.
No aniversário do Zé,
até soltei busca-pé.
Ovo e farinha de trigo,
na cabeça de Rodrigo.
Mas isso faz muito tempo,
eu era um pirralhinho.

Já não apronto nas festas
e me porto direitinho.
Chegou meu aniversário:
venha pra minha festança!
Já estamos bem grandinhos,
não vamos fazer lambança.

Reynaldo Jardim. *Viva o dia!* São Paulo: Melhoramentos, 2001. p. 47.

> O **substantivo próprio** dá nome a seres e coisas de forma particular.
> O **substantivo comum** dá nome a seres e coisas da mesma espécie.
> O **substantivo coletivo** é usado para denominar um conjunto ou uma coleção de seres da mesma espécie.

Atividades

1 Com as cores indicadas, sublinhe no poema os substantivos a seguir.
  a) ■ Três substantivos comuns.
  b) ■ Três substantivos próprios.
  c) ■ Um substantivo coletivo.

2 Classifique os substantivos de acordo com a legenda.

1 comum   **2** próprio   **3** coletivo

a) álbum ☐
b) Bahia ☐
c) árvore ☐
d) celular ☐
e) boiada ☐
f) caneta ☐
g) ilha ☐
h) manada ☐
i) São Paulo ☐
j) ônibus ☐
k) Fernando ☐
l) banda ☐
m) Brasil ☐
n) Maria ☐
o) alfabeto ☐
p) Rosa ☐
q) discoteca ☐
r) professor ☐

3 Complete o quadro com substantivos dos tipos indicados. Observe os exemplos.

Substantivos comuns	Substantivos próprios	Substantivos coletivos
palhaço	Rogério	constelação

4 Escreva uma frase para cada tipo de substantivo a seguir.

a) Comum: _____

b) Próprio: _____

c) Coletivo: _____

Língua Portuguesa

Gênero do substantivo

Vamos ler

As coisas

[...]
Neto e **neta** são netos, no masculino. **Filho** e **filha** são filhos no masculino. **Pai** e **mãe** são pais, no masculino. **Avô** e **avó** são avós.

Todas as coisas do mundo não cabem numa ideia. Mas tudo cabe numa palavra, nesta palavra tudo.

Arnaldo Antunes. In: Ronald Claver (Org.). *Rumo à Estação Poesia*. Belo Horizonte: Dimensão, 2001. p. 39.

Os substantivos são classificados em dois gêneros: **masculino** e **feminino**.
Antes dos substantivos masculinos usamos: **o, os, um** ou **uns**.
Antes dos substantivos femininos usamos: **a, as, uma** ou **umas**.

Atividades

1 Copie do poema os substantivos masculinos e femininos destacados.

_____
_____

2 Escreva **F** para feminino e **M** para masculino.

a) foguete ☐   e) Lua ☐   i) prato ☐

b) leoa ☐   f) futebol ☐   j) formiga ☐

c) juiz ☐   g) mestre ☐   k) escola ☐

d) minhoca ☐   h) bicicleta ☐ l) ônibus ☐

Língua Portuguesa 33

3 Escreva **o**, **os**, **a** ou **as** antes dos substantivos a seguir.

a) _____ mulher
b) _____ pássaros
c) _____ circo
d) _____ princesa
e) _____ elefantes
f) _____ chuva
g) _____ planeta
h) _____ retrato
i) _____ flores
j) _____ girassol
k) _____ árvores
l) _____ relógios

4 Complete os itens com substantivos (femininos/masculinos) ou com artigos (um/uma). Veja o exemplo.

um pavão   uma pavoa

a) _____ rei   uma _____
b) um _____   _____ professora
c) _____ pintor   uma _____
d) um _____   _____ elefanta
e) _____ menino   uma _____

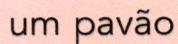

5 Observe as imagens e escreva o feminino dos substantivos a seguir.

a) palhaço   c) boi   e) rei   g) galo

b) gato   d) homem   f) juiz   h) pato

Número do substantivo

Vamos ler

Lelé, a menina Lelé

O dia amanhece danado de bonito. A manhã borda com linha clara os contornos do dia e parece que tudo vai dar certo. O padeiro fez o pão, o jornaleiro abre a sua banca, as sombras descansam sob as árvores, e logo, logo todas as lojas do quarteirão vão mostrando a sua cara de vem que tem.

Na escola, a gritaria de sempre. Mochilas trombando em lancheiras, gente copiando o dever do colega com aquela letra de dar dó. Que a pressa é inimiga da perfeição. Mas perder ponto por uma bobagem dessa, ah, nem pensar.

Na ponta do pátio alguém grita:

– Gente, gente, faltam só dezoito dias. Não vejo a hora!

Só podia ser ela. Quando vai chegando o aniversário de Lelé, que na verdade tem um nome até bonito – Letícia –, a escola e a casa dela parecem desabar. [...]

Lelé movimenta todo mundo por causa da festa que se aproxima. Começa a mandar recado, escreve bilhete, e-mail, carta perfumada para os xodozinhos... Felizmente ou infelizmente, na casa dela, as contas de telefone são mais vigiadas que vitrine de joalheria! [...]

Neusa Sorrenti. *O anel que tu me deste*. São Paulo: Editora do Brasil, 2014. p. 5 e 7.

Os substantivos podem ser classificados quanto ao número. Observe:
- mochila – representa um elemento – **substantivo singular;**
- mochilas – representa mais de um elemento – **substantivo plural.**

Atividades

1 Circule no texto os substantivos no plural e escreva-os a seguir.

_____

_____

2 Passe para o plural as palavras a seguir. Siga os exemplos.

Plural em **s**: amigo – amigos

a) casa _____
b) livro _____
c) amigo _____
d) tesoura _____

Plural em **eis**: túnel – túneis

a) anel _____
b) papel _____
c) réptil _____
d) automóvel _____

Plural em **ais**: animal – animais

a) sinal _____
b) capital _____
c) sal _____
d) pardal _____

Plural em **es**: rapaz – rapazes

a) paz _____
b) raiz _____
c) mar _____
d) mal _____

Plural em **ns**: homem – homens

a) jardim _____
b) bombom _____
c) nuvem _____
d) álbum _____

NOME: _____ DATA: _____

Plural dos substantivos com til

Vamos ler

Castigo

Teve uma ideia do mal
a bruxa com seus botões.
Ia pôr fim à rival
e dominar os anões.

Branca de Neve dormia
enquanto a outra trocava
em silêncio os dois chapéus:
o preto ela lá deixava.

A bruxa então colocou
o branco que lhe cabia.
Pôs na cabeça e ficou
de repente transformada
em sapo que coaxava.
Nunca mais ela bruxou.

Fernando Paixão. *Poesia a gente inventa*. 4. ed. São Paulo: Ática, 1998. p. 18.

Atividades

1 Circule no poema os substantivos escritos com til e escreva-os a seguir.

_____

Existem diferentes formas de escrever o plural dos substantivos que apresentam o til. Observe os exemplos:

ões	ãos	ães
canção – canções	mão – mãos	mãe – mães
botão – botões	irmão – irmãos	alemão – alemães
eleição – eleições	cidadão – cidadãos	pão – pães

Língua Portuguesa

2 Complete as palavras com **ões**, **ãos** ou **ães**. Depois, escreva-as.

a) alem____ _____

b) órg____ _____

c) pe____ _____

d) escriv____ _____

e) gr____ _____

f) plantaç____ _____

g) capit____ _____

h) campe____ _____

i) caminh____ _____

3 Escreva o nome das imagens a seguir no plural.

a) _____

c) _____

e) _____

b) _____

d) _____

f) _____

Substantivos simples e compostos

Vamos ler

É coaxo de celular?
Onde está?
Em cima da mesa?
Dentro da **bolsa**?
No bolso da camisa?

Onde está
Este **sapo-boi**
Que não para de coaxar?

No banco do carro?
No carrinho do **supermercado**?
Na fila do banco?

Onde está
Este sapo-boi
Que não para de coaxar?

E coaxa,
Coaxa,
Coaxa,
E ninguém acha.

Onde está
Este sapo-boi
Que não para de tocar?
Que não para de tocar?!

Ninguém vai atender
Esse **telefone celular**?

Heitor Ferraz Melo. *Bichos da cidade*. São Paulo: Comboio de Corda, 2012. p. 25.

Os **substantivos simples** são formados por uma única palavra, por exemplo, **sol**.
Os **substantivos compostos** são formados por mais de uma palavra, que podem ser ligadas por hífen, como em **guarda-sol**, ou podem ser escritas juntas, como em **girassol**.

Atividades

1) Observe os substantivos em destaque no poema e classifique-os em simples ou compostos.

_____
_____

Língua Portuguesa

2 Classifique os substantivos em simples ou compostos.

a) cabelo _____   f) borboleta _____

b) cor-de-rosa _____   g) girassol _____

c) couve-flor _____   h) ilha _____

d) água _____   i) pica-pau _____

e) ferro _____   j) cachorro-quente _____

3 Separe os substantivos compostos. Veja o exemplo.

a) supermercado ___super + mercado___

b) passatempo _____

c) pontapé _____

d) sobremesa _____

e) sociocultural _____

f) centroavante _____

g) girassol _____

h) paraquedas _____

4 Utilize as palavras a seguir para formar substantivos compostos com hífen.

Brasil	guarda	te	couve
Íris	pau	arco	vi
roupa	bem	chuva	flor

_____

_____

_____

5 Forme uma frase usando um substantivo composto.

_____

_____

_____

Língua Portuguesa

Substantivos primitivos e derivados

Vamos ler

Chuva Chuvisco Chuvarada
Chove
mas como chove!
chuva chuvisco chuvarada
por que que chove tanto assim?

a terra gosta da chuva
eu gosto da chuva também
ela lá, e eu aqui
cocoricó, quiquiriqui

chove
mas como chove!
chuva chuvisco chuvarada
por que que chove tanto assim?

quando chove
a terra fica molinha
a planta fica verdinha

eu fico todo molhado
com o pé na lama
meu nariz tapado

minha avó me chama
menino vem cá
vem tomar chá

vem comer bolo de cenoura
com cobertura de chocolate quente

bom, muito bom,
muito mais do que bom
é excelente!

óh que tarde tão bela
banana quente no forno
com açúcar e canela

chove chove chove
deixa chover
enquanto tiver bolo de cenoura
a gente nem vai perceber

chove chove
deixa chover
comendo banana quente
a gente nem vai perceber

Hélio Ziskind.

Observe as palavras destacadas na letra da música.
O substantivo **chuva** não resulta de outras palavras, por isso é chamado de **substantivo primitivo**.
Já os substantivos **chuvisco** e **chuvarada** foram originados de outra palavra (chuva), por isso são chamados de **substantivos derivados**.

Língua Portuguesa

Atividades

1 Escreva um substantivo derivado para cada substantivo primitivo a seguir.

a) livro _____

b) sapato _____

c) leite _____

d) estudo _____

e) boi _____

f) jornal _____

g) jogo _____

h) fogo _____

i) peixe _____

j) papel _____

k) planta _____

l) vidro _____

2 Escreva os nomes das profissões derivados dos substantivos a seguir. Veja o exemplo.

carta – carteiro

a) pedra _____

b) sorvete _____

c) pão _____

d) chave _____

e) carta _____

f) porta _____

g) motor _____

h) dente _____

3 Classifique os substantivos de acordo com a legenda.

P – primitivo   D – derivado

a) bondade ☐

b) flor ☐

c) açougueiro ☐

d) pedregulho ☐

e) loja ☐

f) banana ☐

g) casa ☐

h) vendedor ☐

i) toureiro ☐

j) amor ☐

k) sonhador ☐

l) ferro ☐

4 Escolha uma das profissões da atividade 2 e escreva uma frase com ela.

_____

Língua Portuguesa

Grau do substantivo

Vamos ler

Exclamações

— Eta mundo! — falou o seu Raimundo.
— Eta mundinho! — falou o seu Dinho.
— Eta mundão! — falou o seu João.
— Eta mundeco! — falou o seu Maneco.
— Eta mundaréu! — falou o seu Léo.

Elias José. *Um jeito bom de brincar*.
São Paulo: FTD, 2002. p. 20.

O **grau do substantivo** indica a variação de tamanho do ser ou objeto.
O grau **aumentativo** indica um aumento de tamanho, e o grau **diminutivo** indica uma diminuição de tamanho.

Atividades

1 Complete o quadro a seguir com substantivos retirados do poema.

Tamanho pequeno	Tamanho normal	Tamanho grande
Diminutivo	Grau normal	Aumentativo
_____	_____	_____

2 Reescreva somente os substantivos que não indicam grau diminutivo.

a) cozinha _____

b) pezinho _____

c) anelzinho _____

d) golfinho _____

e) galinha _____

f) riozinho _____

g) sardinha _____

h) zebrinha _____

i) vasinho _____

j) farinha _____

3 Complete o quadro de acordo com o grau do substantivo indicado.

Diminutivo	Grau normal	Aumentativo
	garrafa	
	filho	
	pé	
	amigo	
	peixe	
	orelha	
	carro	
	pato	
	bola	

4 Escreva as palavras no grau normal.

a) narigão _____

b) camiseta _____

c) ilhota _____

d) vozeirão _____

e) homenzarrão _____

f) cordinha _____

g) barcaça _____

h) rapazote _____

i) bocarra _____

j) flautinha _____

k) muralha _____

l) malinha _____

m) casarão _____

n) riacho _____

o) fogaréu _____

p) chuvisco _____

q) ricaço _____

r) palacete _____

s) mundaréu _____

t) saleta _____

Língua Portuguesa

Revisando o grau do substantivo

Vamos ler

O Capitão Sem Fim

No mar tem um navio,
No navio, um capitão.
O capitão desce a escada,
A escada vai ao porão;
No porão tem uma **caixa**,
Caixinha e não **caixão**,
Dentro dela, um anel,
De um mágico do Japão
E no jade do anel
Encontra-se, escrita à mão,
A história de um mar,
De um navio e de um capitão,
Que desce por uma escada
Que o conduz ao porão,
Onde existe uma caixa,
Caixinha e não caixão,
Que tem guardado um anel
De um mágico do Japão.
E no jade do anel
Existe, escrita à mão,
A história de um mar,
De um mar com seu capitão
Que está em um navio...

Sérgio Capparelli. *Tigres no quintal*. 4. ed. São Paulo: Global, 2008. p. 17.

Atividades

1 Complete o quadro a seguir com os substantivos em destaque no poema.

Diminutivo	Normal	Aumentativo

Língua Portuguesa

2 Leia os diminutivos e escreva-os no grau normal. Veja o exemplo.

> copinho – copo

a) animalzinho _____

b) chuvisco _____

c) roupinha _____

d) ilhota _____

e) barbicha _____

f) vozinha _____

g) palacete _____

h) bandeirola _____

i) forninho _____

3 Reescreva apenas as palavras que não estão no aumentativo.

pezão	ossão	orelhão
anão	coração	união
animalão	Adão	João

_____

4 Ligue os substantivos ao grau a que pertencem.

filhinho •   • mão

canção •   diminutivo   • casarão

rapagão •   • cãozinho
                             normal
perninha •   • riacho

muro •   aumentativo   • cachorrão

amor •   • muralha

46 Língua Portuguesa

NOME: _____ DATA: _____

Substantivos concretos e abstratos

Vamos ler

A Bela e a Fera em cordel
Este conto universal
De muita sabedoria
Narra a história de amor
Que aconteceu um dia.
Se preparem para ouvir
Muitas rimas com alegria.

Um jovem muito egoísta,
Que no castelo morava,
Era príncipe tão lindo,
Que só a ele se amava.
Ele não tinha amigos,
E disso se orgulhava.

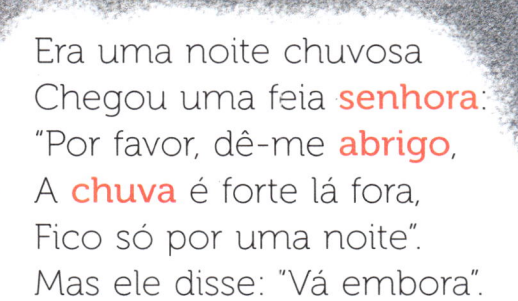

Era uma noite chuvosa
Chegou uma feia senhora:
"Por favor, dê-me abrigo,
A chuva é forte lá fora,
Fico só por uma noite".
Mas ele disse: "Vá embora".

Clara Rosa Cruz Gomes. *A Bela e a Fera em cordel*. São Paulo: Mundo Mirim, 2011. p. 7-8.

> O **substantivo abstrato** é aquele que se refere a algo imaginário, sentimental, que não pode ser tocado e do qual não se pode formar uma imagem representativa. Indica sentimento, qualidade, estado ou ação. Exemplos: dor, amor, delicadeza, trabalho, confiança.
> O **substantivo concreto**, em contrapartida, é aquele que se refere ao que podemos tocar ou àquilo a que podemos atribuir uma imagem. Exemplos: avião, copo, Papai Noel, mãe.

Atividades

1 Observe os substantivos destacados no cordel e copie-os a seguir de acordo com as cores indicadas.

a) **Substantivos concretos**: _____

_____

b) **Substantivos abstratos**: _____

_____

2 Classifique os substantivos em concretos ou abstratos.

a) livro _____   i) inteligência _____

b) saudade _____   j) fogão _____

c) chuva _____   k) mar _____

d) bolo _____   l) alegria _____

e) raiva _____   m) saci _____

f) prato _____   n) vida _____

g) medo _____   o) escola _____

h) amor _____   p) dente _____

3 Numere cada substantivo abstrato de acordo com a ação a que ele corresponde.

1	confiar		julgamento
2	fingir		adoração
3	adorar		lembrança
4	mentir		confiança
5	lembrar		agradecimento
6	agradecer		fingimento
7	plantar		mentira
8	julgar		plantação

4 Complete as frases com substantivos concretos.

a) Margarida comeu _____ e _____.

b) Rogério viu um _____ usando gorro vermelho e correndo com uma perna só.

c) No jardim botânico há muitas _____ coloridas.

d) Eu adoro _____.

e) Durante a viagem conhecemos o _____ e a _____.

48 Língua Portuguesa

NOME: _____ DATA: _____

Revisando substantivos concretos e abstratos

Vamos ler

O preço da beleza

Um artesão está na feira vendendo vasos. Uma mulher se aproxima e olha a mercadoria; algumas peças estão sem qualquer desenho, outras foram decoradas com todo cuidado.

A mulher pergunta o preço dos vasos. Para sua surpresa, descobre que todos custam a mesma coisa.

— Como o vaso decorado pode custar o mesmo que um simples? — pergunta. — Por que cobrar igual por um trabalho que demorou mais tempo para ser feito?

— Sou um artista — responde o vendedor. — Posso cobrar pelo vaso que fiz, mas não posso cobrar pela beleza. A beleza é grátis.

Paulo Coelho e Mauricio de Sousa. *O gênio e as rosas e outros contos.* 2. ed. São Paulo: Globo, 2010. p. 40.

Atividades

1 Copie do conto três substantivos concretos e três substantivos abstratos.

a) Substantivos concretos: _____

_____

b) Substantivos abstratos: _____

_____

2 Numere o substantivo abstrato de acordo com o adjetivo que corresponde a ele.

1. gentil
2. estranho
3. delicado
4. pobre
5. belo
6. fraco
7. rico

[4] pobreza
[6] fraqueza
[7] riqueza
[3] delicadeza
[5] beleza
[2] estranheza
[1] gentileza

3 Organize estes substantivos no quadro a seguir de acordo com a classificação de cada um.

tristeza   Bahia   agilidade
cachorro   alegria   sorvete
vida   verdade   clareza
geladeira   mulher   cebola
fada   cardume   inveja

Concreto	Abstrato
cachorro	tristeza
Bahia	vida
geladeira	alegria
mulher	verdade
fada	agilidade
sorvete	clareza
cebola	inveja
cardume	

NOME: _____ DATA: _____

Artigo

Vamos ler

A mandioca

Conta uma lenda tupi que a filha de um chefe indígena gerou, sem pai, uma criança. Enfurecido, o chefe condena a pobre moça à morte. No entanto, em sonho, ele recebe um aviso para não executá-la, pois o bebê era fruto de um milagre. Nasce uma criança linda e muito branca, chamada Mani. Ao completar um ano, sem razão Mani morre e, por ser muito amada, é enterrada no centro da oca da família. No lugar onde seu corpo foi sepultado, brota uma planta que, em pouco tempo, faz rachar a terra com suas poderosas raízes. Estas eram brancas como a pequena Mani e, por isso, a planta foi chamada de "Manihot" e cultivada por todos os indígenas.

Gisela Tomanik Berland. *Um tico-tico no fubá: sabores da nossa história*. São Paulo: Companhia Editora Nacional, 2005. p. 28.

Artigo é a palavra que vem antes do substantivo e determina seu gênero e número.
Os artigos são classificados em:
- **definidos**: o, a, os, as;
- **indefinidos**: um, uns, uma, umas.

Atividades

1 Circule na lenda os artigos definidos e indefinidos e escreva-os a seguir.

_____

2 Agora, conte quantas vezes cada artigo encontrado aparece na lenda e escreva os números nos espaços a seguir.

a) a/as: _____ vezes

b) uma/umas: _____ vezes

c) o/os: _____ vezes

d) um/uns: _____ vezes

Língua Portuguesa 51

3 Leia novamente a lenda e copie os artigos seguidos de seus respectivos substantivos. Veja o exemplo.

a mandioca

a) _____   h) _____

b) _____   i) _____

c) _____   j) _____

d) _____   k) _____

e) _____   l) _____

f) _____   m) _____

g) _____   n) _____

4 Escreva os artigos conforme a indicação da legenda.

definidos   **indefinidos**

a) _____ cavalo   f) _____ bananas

b) _____ música   g) _____ professores

c) _____ teatros   h) _____ carro

d) _____ escolas   i) _____ dançarinas

e) _____ bolo   j) _____ casa

5 Complete as frases usando artigos definidos ou indefinidos.

a) Existe _____ ilha a mil milhas daqui.

b) _____ tortas de camarão estavam _____ delícia.

c) Vou ligar para _____ dentista e marcar _____ horário.

d) Corremos _____ 2 quilômetros em volta do parque e depois tomamos _____ água de coco.

e) _____ dia estava ensolarado, por isso convidei _____ amigas para _____ banho de piscina.

52 Língua Portuguesa

NOME: _____ DATA: _____

Palavras com X e CH

Vamos ler

Um dia, quando Felipe chegou à casa da vovó, encontrou uma porção de pedaços de tecidos espalhados pelo chão, perto da máquina de costura em que ela estava trabalhando.

— O que é isso, vovó?

— São retalhos, Felipe. Fui juntando os pedaços de pano que sobravam das minhas costuras e, agora, já dá para fazer uma colcha de retalhos. Vou começar a emendá-los hoje mesmo.

— Posso ajudar, vovó?

— Está bem. Então vá separando os retalhos para mim. [...]

Felipe esparramou tudo pelo chão e foi separando-os um a um. Tinha pano de florzinha, de Lua e estrela, de bolinha grande e bolinha pequena, listrado, xadrez... [...]

— E olha esse pano xadrez, que bonito, vovó!

— É daquela camisa que eu fiz para você dar ao seu pai, no dia do aniversário dele. [...]

— Ah! Eu me lembro! Veio o tio Paulo, o tio João, a tia Josefina, veio a Cecília e até o Rex, para brincar com o meu cachorro, Apolo. Parece que um deles fez xixi na cozinha e o outro fez cocô no quintal, né?

— Seu pai ficou bonito! E assoprou as velinhas, todo vaidoso, de camisa nova.

— É mesmo! Mas ficou muito bravo com os cachorros. [...]

Conceil Corrêa da Silva e Nye Ribeiro. *A colcha de retalhos*. São Paulo: Editora do Brasil, 2010. p. 9, 11 e 12.

Depois de ai, ei, ou e en usamos x com som de ch.

Atividades

1 Volte ao texto e circule de **verde** as palavras com **ch** e de **laranja** as palavras com **x**. Depois, copie-as a seguir.

a) Palavras com **ch**: _____

b) Palavras com **x**: _____

2 Complete as palavras com **ch** ou **x** e escreva-as.

a) cai____ote _____

b) bola____ _____

c) afrou____ar _____

d) ____inelo _____

e) en____ame _____

f) ____u____u _____

g) ____adrez _____

h) salsi____a _____

i) amei____a _____

j) ____uveiro _____

k) en____oval _____

l) quei____o _____

m) ____uteira _____

n) pei____e _____

3 Observe as imagens e complete o diagrama de palavras. Veja o exemplo.

R
O
U
X
I
N
O
L

Palavras com G e J

Vamos ler

[...]
Já faz muito tempo desde que segui os passos de minha mãe pelo gelo e fiz minha primeira viagem. Eu nasci em janeiro, com vinte e cinco centímetros e quase um quilo, em uma toca feita por ela. [...]

Quando ficava assustado, subia nas costas de minha mãe para me proteger e aprendia o que era uma morsa, um ganso da neve. Ela estava ali, cuidando de mim o tempo todo, fosse qual fosse o perigo. [...]

Eu a achava linda, querendo imitá-la escorregava no gelo, esse deserto branco, até sentir seus dedos gelados e ágeis me segurarem. Muitas vezes eu tentava me tornar invisível, mas ela sempre me achava, e fazia um carinho com a sua pata imensa e deixava fluir seu amor por mim. Quando estávamos cansados de nossos passeios pelo Ártico, ela construía um refúgio e eu adormecia escondido do caminho do vento. [...]

Os dias passavam. Eu ainda parecia apenas mais um ponto branco na paisagem, mas tinha muito a aprender. Caçar, pescar, lutar, sobreviver... Era mágico esse meu desejo de compreender as coisas e sonhar. Quando reflito sobre isso, posso dizer que minha força e inteligência vêm de minha mãe, ursa Lain — era assim que ela era chamada. [...]

Jussara Braga. *Um urso branco em Nova York*. São Paulo: Editora do Brasil, 2014. p. 5, 7 e 8.

> A letra **g** antes das vogais **e** e **i** tem o som de **j**.

Atividades

1 Copie do texto as palavras escritas com **g** que apresentam som de **j**.

Língua Portuguesa 55

2 Leia as palavras do quadro e organize-as nas colunas de acordo com a legenda.

jegue	gigante	sujeito	gente
engenho	jiboia	jiló	*jeans*
relógio	injeção	gesso	agitado

ge e gi

a) _____
b) _____
c) _____
d) _____
e) _____
f) _____

je e ji

g) _____
h) _____
i) _____
j) _____
k) _____
l) _____

3 Escreva o nome das imagens a seguir. Depois, encontre e pinte no diagrama as palavras que você escreveu.

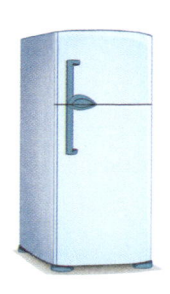

G	G	F	G	P	B
E	I	P	E	T	E
L	R	B	L	Ú	R
A	A	L	A	T	I
D	S	M	T	O	N
E	S	A	I	T	J
I	O	C	N	V	E
R	L	W	A	O	L
A	E	Y	G	K	A
C	Ç	H	S	S	Z
G	I	R	A	F	A
P	V	T	A	X	Ç
D	D	J	I	P	E

56 Língua Portuguesa

NOME: _____ DATA: _____

Uso semântico do diminutivo

Vamos ler

Ó mãozinhas buliçosas!
Não me dão sossego ou paz,
Volta e meia elas aprontam
Uma reinação: zás-trás!
[...]

Quebram pratos, batem portas,
Botam som alto a berrar...
Ó mãozinhas irrequietas,
Como sabem arreliar!

Mas se chegam carinhosas
Quando querem agradar
— Que delícia de mãozinhas!
Já não posso me zangar...
[...]

Tatiana Belinky. *Cinco trovinhas para duas mãozinhas*. São Paulo: Editora do Brasil, 2008. p. 4, 8 e 11.

> Palavras no diminutivo podem indicar tamanho, carinho, ironia ou desprezo.

Atividades

1 Circule no poema um substantivo no diminutivo. Depois, responda:
   a) Esse substantivo indica carinho ou desprezo?
   _____
   _____

   b) Que outras palavras do poema o ajudaram a concluir isso?
   _____
   _____

Língua Portuguesa

2 Complete as frases com as palavras do quadro.

> salinha   bichinho   garotinho
> bonitinho anelzinho   vestidinho

a) João viu um _____ chorando.

b) Meu bebê é _____.

c) Aquele _____ é manso e quieto.

d) Eu ganhei um _____ lindo.

e) Entrei em uma _____ decorada.

f) Na festa usei um _____ amarelo.

3 Classifique o diminutivo que aparece nas frases de acordo com a legenda.

> carinho   desprezo

a) Aquela garota é chatinha. _____

b) Que chulezinho horrível! _____

c) Olhem, que cachorrinho lindo! _____

d) Minha bonequinha é muito charmosa. _____

e) Mamãezinha, eu te amo! _____

f) Que sapatinho feio! _____

4 Observe a cena e escreva duas frases sobre ela: uma utilizando um diminutivo para indicar carinho e outra usando um diminutivo para indicar desprezo. Se preferir, faça um pequeno texto.

Língua Portuguesa

NOME: _____ DATA: _____

Palavras com CE, CI, SE e SI

Vamos ler

Eu vi o Saci

É o **Saci**, é o Saci
Pererê, Pererê
É o Saci, é o Saci
Pererê, Pererê

Eu vi o Saci
Bem atrás de um arbusto ali
De repente deu pulo
Por cima do muro
E **apareceu** aqui

É um espertalhão
Ele só apronta confusão
Ele veste a carapuça
Mete a sua fuça
Onde não é chamado, não

Saci-Pererê
Vivo correndo atrás de você
Saci-Pererê
Já não **consigo** nem mais te ver

Da armadilha você sempre me escapa
Mas um dia eu te prendo na garrafa

Com uma perna só
Ele corre muito e não tem dó
Ele só faz artimanha
Sempre se assanha
Gira tanto que dá nó

Gosta de zoar
Ele troca tudo de lugar
E me deixa tão confuso
Entro em parafuso
E ele só a gargalhar

Marcos Sacramento. Eu vi o Saci. CD *Sítio do Picapau Amarelo*. Faixa 6. Som Livre. Nova Temporada, 2006.

> A letra **c** antes das vogais **e** e **i** tem o som de **s**.

Atividades

1 Escreva as palavras que estão destacadas na música.

_____

_____

Língua Portuguesa 59

2 Separe as sílabas das palavras a seguir.

a) semente _____ f) circular _____

b) ciclovia _____ g) século _____

c) sinaleira _____ h) vacina _____

d) tecido _____ i) doce _____

e) cerveja _____ j) cimento _____

3 Complete as palavras com as sílabas a seguir.

| ce | ci | se | si |

a) ____dade   f) ____xo   k) ____catriz

b) ____tenta   g) capa____te   l) ____bo

c) ofi____na   h) ____no   m) ____bola

d) ____da   i) bi____cleta   n) ____gilo

e) a____rola   j) ____noura   o) ____lebrar

4 Escreva o nome das figuras a seguir.

a) _____ c) _____ e) _____

b) _____ d) _____ f) _____

60 Língua Portuguesa

NOME: _____ DATA: _____

Adjetivo

Vamos ler

[...]
Se você fosse um rio, que tipo de rio gostaria de ser?

Um rio poluído, que passa entre as pedras levando com ele o lixo do mundo?

Um rio limpo, de águas transparentes...
Com pedrinhas no fundo, peixes grandes e pequenos?

Um rio bem grande, com muitos afluentes?

Um riozinho escondido no meio de tanta mata?

Um rio que faz curvas e dá muitas voltas, esparramando suas águas pelo caminho...?

Um rio apressado que corre pro mar?

Nye Ribeiro. *Jeito de ser*. São Paulo: Editora do Brasil, 2013. p. 14-15.

> Os **adjetivos** atribuem características aos substantivos.

Atividades

1 Copie do texto todos os adjetivos dados ao rio.

_____
_____
_____

Língua Portuguesa

2 Leia o texto e escreva, ao lado da bruxinha, as características que se referem a ela.

A bruxinha

Eu conheço uma bruxinha muito simpática.

Ela tem os olhos pretos e grandes, os cabelos pretos e compridos.

Nem sempre ela usa sua roupa de bruxa e sua vassoura. Nem sempre ela faz suas mágicas e feitiços.

Bem que eu gostaria de ver essa bruxinha fazer alguns feitiços para nós. Seria até uma atração no bairro.

Não conversa nem ri e se chama...

...Domitila!

> Edson Gabriel Garcia. *A bruxinha Domitila e o robô Supertudo*. São Paulo: Editora do Brasil, 2004. p. 12.

_____
_____
_____

3 Circule os adjetivos destas frases.

a) O cacique é o grande chefe da aldeia indígena.

b) As roupas brancas ficaram manchadas.

c) O pássaro colorido tinha um canto suave.

d) Os jogadores competentes e treinados ganharam a competição.

4 Complete as frases com adjetivos adequados.

a) O castelo da Cinderela é _____

e muito _____.

b) O Carnaval é uma festa _____.

c) Encontrei um bicho _____

e _____.

d) A festa de aniversário está _____

e a comida _____.

NOME: _____ DATA: _____

Um pouco mais sobre adjetivos

Vamos ler

A Lua sumiu!

O mundo inteiro acordou assustado. Aquela era a notícia que estava nos jornais, revistas, TV, internet e por toda parte.

– Como assim, a Lua sumiu? – era a pergunta que todos se faziam. Quem olhou para o céu na noite anterior e não a viu achou que fosse normal; talvez ela estivesse escondida esperando o momento certo de surgir cheia e brilhante. Algumas pessoas nem perceberam que havia algo estranho.

Os astrônomos, astrólogos e curiosos souberam rapidamente que a Lua não estava onde deveria estar. Os especialistas se comunicaram por todo o planeta, mas ninguém tinha uma resposta. Refizeram seus cálculos, olharam velhos mapas e até consultaram calendários e folhinhas. Logo chegaram à conclusão de que a única coisa a fazer era esperar por uma nova noite. As pessoas ficaram ansiosas, pegaram seus cobertores e se sentaram nas calçadas e nas praças para observar o céu.

Quando anoiteceu, todos ficaram muito tristes. A Lua não surgiu, ela realmente havia sumido. [...]

Manuel Filho. *O sumiço da Lua*. São Paulo: Editora do Brasil, 2014. p. 6.

> Alguns adjetivos têm a terminação **oso** ou **osa**.

Atividades

1 Copie do texto dois adjetivos terminados em **oso** e **osa**.

_____

_____

Língua Portuguesa 63

2 Escreva um adjetivo para cada substantivo a seguir.

a) comida _____   f) céu _____

b) festa _____   g) escola _____

c) árvore _____   h) vestido _____

d) cidade _____   i) homem _____

e) boneca _____   j) carro _____

3 Faça a correspondência entre as colunas.

1 substantivo

2 adjetivo

☐ bondosa

☐ trem

☐ Rio de Janeiro

☐ bonita

☐ carinhoso

☐ foguete

4 Complete as frases com os adjetivos do quadro.

| valioso | gostosa | frondosa | alto |
| horroroso | corajoso | famoso | frio |

a) A árvore é _____.

b) Meu anel é caro e _____.

c) O monstro é muito _____.

d) Caio salta de paraquedas. Ele é muito _____.

e) A *pizza* de calabresa é _____.

f) Este edifício é muito _____.

g) Maria Júlia não toma café _____.

h) Fernando Pessoa é um escritor muito _____.

Língua Portuguesa

NOME: _____ DATA: _____

Grau do adjetivo

Vamos ler

O Supertudo

Supertudo é meu robô protetor.
Ele é muito grande, mais alto que um homem.
É forte e inteligente.
Supertudo tem seis olhos e duas bocas. Solta fumaça ardida pela venta e fogo pelos olhos.
Supertudo é capaz de destruir três ou quatro meninos de uma só vez, com um único tapa.
Ele mora comigo e protege-me de tudo aquilo que faz mal ou traz aborrecimentos para mim.
Só conversa comigo e só a mim obedece.
Assim é meu robô, Supertudo.

Edson Gabriel Garcia. *A bruxinha Domitila e o robô Supertudo*. São Paulo: Editora do Brasil, 2004. p. 13.

Os adjetivos podem ser flexionados em dois graus, de acordo com a intensidade da qualidade do elemento que ele caracteriza: **grau comparativo** e **grau superlativo**.
O **grau comparativo** é usado para comparar uma característica entre dois elementos ou duas características de um mesmo elemento. O comparativo pode ser de:
- **superioridade** – mais, mais que ou mais do que;
- **igualdade** – tão, quanto ou como;
- **inferioridade** – menos, menos que ou menos do que.

Atividades

1 Copie do texto a frase em destaque e identifique o tipo de comparativo que ela apresenta.

_____

Língua Portuguesa

2 Numere a segunda coluna de acordo com a primeira.

1 comparativo de superioridade	☐	Hoje o dia está menos quente do que ontem.
	☐	Ela tirou a nota mais alta da turma.
2 comparativo de igualdade	☐	Luís nadou tanto quanto Pedro.
	☐	João é mais carinhoso que Maria.
3 comparativo de inferioridade	☐	O rio está menos poluído do que antes.
	☐	Camila é esperta como Mariana.

3 Complete as frases usando um ou mais termos do quadro.

> mais – menos – do que – que – tão – quanto
> maior – menor – pior – melhor

a) Meu bolo está _____ gostoso _____ o seu.

b) Lúcia é _____ inteligente _____ Ana Paula.

c) Fernando cantou _____ bem _____ seu irmão.

d) Nesta noite o céu está _____ estrelado _____ ontem.

e) Hoje a saúde dele está _____ que ontem.

f) Meu cabelo é _____ do que o seu.

4 Escreva uma frase para cada tipo de comparativo a seguir.

a) Superioridade: _____

b) Inferioridade: _____

c) Igualdade: _____

Língua Portuguesa

Um pouco mais sobre o grau do adjetivo

Vamos ler

É festa no fundo do mar

Assim que deixamos a cidade, avistamos uma belíssima construção: um esplendoroso palácio!

Ao nos aproximarmos desse palácio, ouvimos uma música, e quando entramos, tivemos uma surpresa. Havia uma festa.

A arquitetura do palácio era maravilhosa! Os jardins eram decorados com areia laranja, pedras preciosas multicores, muitas pérolas e uma grande variedade de plantas aquáticas dando um toque muito especial.

Os jardins pareciam ser a parte mais importante do palácio! Em um dos jardins havia uma orquestra de animais marinhos tocando instrumentos feitos de conchas de tamanhos e espessuras múltiplos, o que fazia surgir um som capaz de causar inveja nas mais famosas bandas da atualidade. Um grupo de peixes cantava e nadava dançando para o rei. [...]

A mesa era formada de areia batida, enfeitada com uma toalha amarela bem clara feita de brilhantes estrelas-do-mar vivas. Parecia uma belíssima escultura como as que vemos nas praias, porém existiam alguns detalhes marcantes. Os enfeites estavam vivos, e tudo estava acontecendo no fundo do oceano. [...]

Maria Cristina Furtado. *A revolta das águas*. São Paulo: Editora do Brasil, 2014. p. 14-15.

O **grau superlativo** é usado para caracterizar um ou mais elementos em um grau muito elevado ou máximo. Essa intensificação se faz por meio das terminações **íssimo, érrimo, ílimo** etc., ou com o uso de palavras intensificadoras, como **menos, mais, extremamente, super** etc.

Atividades

1 Copie do texto um adjetivo no grau superlativo.

2 Ligue os superlativos aos adjetivos a que eles correspondem.

a) velocíssimo •   • rico

b) dificílimo •   • magro

c) paupérrimo •   • fácil

d) fraquíssimo •   • gordo

e) baixíssimo •   • fraco

f) magérrimo •   • baixo

g) boníssimo •   • pobre

h) facílimo •   • difícil

i) gordíssimo •   • veloz

j) riquíssimo •   • bom

3 Reescreva as frases colocando o adjetivo no grau superlativo. Veja o exemplo.

> O atleta é muito ágil.
> O atleta é **agilíssimo**.

a) Meu carro é novo.

___

b) A comida está muito quente.

___

c) Hoje eu acordei contente.

___

d) O bolo de fubá é muito gostoso.

___

e) Há países muito pobres ao redor do mundo.

___

NOME: _____ DATA: _____

Palavras com L e LH

Vamos ler

Bolo de milho
Ingredientes:
3 ovos;
4 colheres de sopa de manteiga;
2 xícaras de chá de açúcar;
1 xícara de chá de fubá de milho;
1 lata de milho em conserva, batida no liquidificador;
1 xícara de chá de leite de coco;
1 colher de sopa de fermento em pó;
1 pitada de sal;
1 colher de café de baunilha.

Modo de fazer
1. Bata o açúcar com a manteiga e as gemas. Quando a mistura estiver homogênea, acrescente os demais ingredientes e mexa bem.
2. Por último, coloque as claras em neve e o fermento e misture com leveza.
3. Unte uma forma de buraco, despeje a massa e leve-a para assar em forno pré-aquecido por 40 minutos.
4. Retire do forno, deixe esfriar e sirva.

Atividades

1 Copie da receita as palavras com **l** e **lh**.

a) Palavras com **l**: _____
_____

b) Palavras com **lh**: _____
_____

Língua Portuguesa 69

2 Complete as palavras com **l** ou **lh** e escreva-as.

a) abe____a _____

b) f____or _____

c) pa____aço _____

d) a____egria _____

e) coe____o _____

f) quadri____a _____

g) ____aço _____

h) cabe____o _____

i) te____ado _____

j) ócu____os _____

k) co____ar _____

l) fo____a _____

m) a____fabeto _____

n) esqui____o _____

3 Forme palavras com **l** e **lh** usando as sílabas do quadro a seguir.

| lho | a | car | la | ti | ve | no | to | na | i | co | li | lu | lha | lo |

a) _____   d) _____   g) _____

b) _____   e) _____   h) _____

c) _____   f) _____   i) _____

4 Leia as palavras e coloque a letra **h** para formar novas palavras. Veja o exemplo.

fila – fil**ha**

a) galo _____

b) vela _____

c) bola _____

d) tela _____

e) ralo _____

f) cala _____

g) mola _____

h) rola _____

i) mala _____

j) falou _____

Língua Portuguesa

Numerais

Vamos ler

Pai.

Hoje é dia do meu aniversário. Tô chegando da escola, onde a tia e os colegas fizeram uma festa pra mim. Acho que foi o Cláudio que inventou tudo isso, mas ele diz que foi a Jussara.

Você ia gostar de comer a empada de camarão, do sorvete e da Coca-Cola. Cada um levou uma coisa e eu, como não sabia de nada, só levei eu. Apaguei as velas dos oito anos. Na primeira soprada, só apaguei seis. Na segunda, acabei inteirando, apaguei todas. Bateram muitas palmas e cantaram parabéns.

Ganhei um monte de presentes: livro, caneta, CD e os óculos de que precisava. Não sei como eles descobriram os óculos que serviam em mim. Só se foram à ótica do seu Feliciano. O mundo, de óculos, ficou mais bonito.

Ah! Eu ia esquecendo. Ganhei, também, um tênis legal. E uma camisa do Fluminense. É isso aí! Do Fluminense. Quiseram me gozar, mas logo, logo trocaram por uma camisa do Flamengo, e todo mundo riu. Bateram palmas. Eu só não chorei porque não estava acostumado.

Mamãe me esperou em casa com um bolo de fubá, um beijo e uma bola de futebol, dessas da seleção brasileira, me beijou de novo e chorou. Foi aí que eu aprendi: lágrima pode ser de tristeza ou de alegria. Não é engraçado?

Pedro Bloch. *Um pai de verdade*. São Paulo: Editora do Brasil, 1999. p. 16.

> **Numeral** é a classe de palavras que determina os seres em termos numéricos. Os numerais podem ser: cardinais, ordinais, multiplicativos ou fracionários.

Atividades

1 Copie do texto as palavras que indicam numerais.

2 Ligue os numerais à classe a que pertencem.

a) 1º – primeiro

b) 9 – nove

c) dobro

d) $\frac{1}{3}$ – terço

e) 3º – terceiro

f) 100 – cem

g) 1 – um

h) triplo

i) $\frac{1}{2}$ – meio

cardinal

ordinal

multiplicativo

fracionário

3 Escreva por extenso os numerais a seguir.

a) 8 _____

b) 10º _____

c) 14 _____

d) 21 _____

e) 25º _____

f) 16 _____

g) 50 _____

h) 20º _____

i) 60 _____

j) 46 _____

k) 15º _____

l) 22º _____

4 Classifique os numerais a seguir em cardinais, ordinais, multiplicativos ou fracionários.

a) $\frac{1}{12}$ _____

b) 230 _____

c) centésimo _____

d) sexagésimo _____

e) dobro _____

f) três _____

g) 8º _____

h) 140 _____

i) triplo _____

j) terço _____

Língua Portuguesa

NOME: _____ DATA: _____

Reticências

Vamos ler

Suriá. *A Tarde*. Salvador, p. 8, 14 set. 2013.

> As **reticências** (...) são usadas para indicar suspensões ou interrupções na fala ou no pensamento de personagens; para indicar a continuidade de uma ação ou fato ao longo do tempo; para sugerir hesitação e indecisão; para deixar o sentido da frase aberto à interpretação do leitor etc.

Atividades

1 Copie da história em quadrinhos duas frases com reticências.

_____

_____

2 Qual é a função das reticências nas frases que você copiou?

_____

_____

Língua Portuguesa 73

3 Complete o poema colocando as reticências nos locais adequados. Depois, confira com o professor se você acertou.

E os pássaros cantam...
E tudo se repete
A noite cai, o sol se levanta
E os pássaros cantam
E tudo se repete

Chove a noite toda
E na manhã os pássaros cantam
Amanhece o céu limpo e azul
E os pássaros cantam
E as pessoas nascem
E morrem,
E invariavelmente
Os pássaros cantam!

E o tempo passa
Mas o tempo passado não é perdido
O tempo passado!
O passado!
O tempo!!!!
Meu bem-te-vi de dores!
Meu bem-te-vi de amores!

Ana Maria Barbosa Machado. *Lua nova*. Bauru: Joarte, 1998. p. 42.

4 Escreva uma frase usando reticências.

_____

_____

5 Numere as frases de acordo com o que indica o uso das reticências.

1 Interrupção de fala ou pensamento.

2 Hesitação ou indecisão.

3 Continuidade de uma ação ou fato ao longo do tempo.

a) ☐ Assim que eu abri a porta...

b) ☐ E assim caminha a humanidade....

c) ☐ Hum... não sei... o que farei agora?

d) ☐ Ele andou... andou... andou...

e) ☐ Quando eu estava bem na frente da loja...

f) ☐ Acho que podemos ir... não... espere...

74 Língua Portuguesa

NOME: _____ DATA: _____

O uso do HÁ e do A

Vamos ler

À beira de uma estrada, cercada de muita grama e árvores, acaba de surgir, para alegria da natureza, mais uma linda borboleta...

Entretanto, diferente das outras borboletas que voam ao sair do casulo, esta cai no chão e, arrastando-se com muita dificuldade até uma pedra, começa a chorar. Permanece em seu pranto por um longo tempo, mostrando grande desespero...

Por esse mesmo lugar vai passando uma formiga muito interessante, com uma fita amarela na cabeça, conjunto esportivo também amarelo, tênis e até meia amarela combinando. A formiga faz sua caminhada matinal, mas ao ver a borboleta chorando, para, aproxima-se e lhe diz:

— Já há algum tempo, enquanto caminho, ouço seu choro... O que houve com você, borboleta? Você é tão bela... O que há?

Maria Cristina Furtado. *Flor de maio*. São Paulo: Editora do Brasil, 2004. p. 4.

A utilização de **há** ou **a** está relacionada ao sentido da frase.
- **Há** (verbo **haver**) – é utilizado quando queremos indicar um tempo que já passou, um fato que já aconteceu, e neste caso pode ser substituído pelo verbo **fazer**.
- **A** (preposição) – é utilizada quando nos referimos a algo que irá acontecer, a um tempo futuro.

Atividades

1 Escreva a frase em destaque no texto e indique a que tempo ela se refere.

_____

_____

2 Complete as frases com **há** ou **a**.

a) _____ muitos anos não vou à praia.

b) Paulo saiu _____ dez minutos.

c) Voltarei de viagem daqui _____ 5 dias.

d) Cheguei _____ pouco do colégio.

e) O avião parte daqui _____ uma hora.

f) _____ muito tempo conheci uma princesa.

g) Daqui _____ pouco irei embora.

3 Numere as frases de acordo com a legenda a seguir.

| 1. tempo passado | 2. tempo futuro |

a) ☐ Há duas semanas que Laika não toma banho.

b) ☐ Eu aguardo há horas no salão.

c) ☐ Tenho reunião daqui a 2 horas.

d) ☐ A encomenda chegou há 3 meses.

e) ☐ Avise-o que irei daqui a pouco.

4 Marque apenas as frases corretas com um **X**.

a) ☐ Elas estão estudando Geografia há uma hora e meia.

b) ☐ Elas estão estudando Geografia a uma hora e meia.

c) ☐ João está a alguns metros do carro.

d) ☐ João está há alguns metros do carro.

5 Escreva uma frase usando **há** e outra usando **a**.

_____

_____

Língua Portuguesa

NOME: _____ DATA: _____

Pronome pessoal do caso reto

Vamos ler

Descoberta

Ao bosque fui,
Sim, eu fui lá
E tinha vontade
De nada achar.

Uma florzinha
Avistei então
Brilho de estrela
Na minha mão.

Eu quis colhê-la
E a ouvi falar:
— Se tu me quebras,
Eu vou murchar.

Com toda a raiz
A flor puxei
E ao meu jardim
Eu a levei.

Logo a plantei
Em um canteiro
E ela floresce
O ano inteiro.

Sérgio Capparelli. *Tigres no quintal.* São Paulo: Global, 2008. p. 98.

Pronome é uma palavra que substitui um nome ou a ele se refere.
Os **pronomes pessoais do caso reto** são: eu, tu, ele, ela, nós, vós, eles, elas.

Atividades

1 Copie do poema os pronomes pessoais do caso reto.

_____

2 Circule os pronomes nas frases a seguir.
   a) Ontem eu fiz um bolo de nozes.
   b) Nós iremos à praia no próximo final de semana.
   c) Tu comprastes flores para ela?
   d) Vós jogastes futebol com eles no estádio.
   e) Eu não terminei o trabalho da escola.

Língua Portuguesa

3 Faça a correspondência entre as colunas.

1. Eu, nós
2. Ele, ela, eles, elas
3. Tu, vós

☐ 3ª pessoa
☐ 2ª pessoa
☐ 1ª pessoa

4 Complete as frases com pronomes pessoais.

a) _____ estudei ontem

b) _____ estudas muito.

c) _____ estudou pouco.

d) _____ estuda muito.

e) _____ estudamos juntos.

f) _____ estudais pouco.

g) _____ estudam hoje.

h) _____ estudam também.

5 Complete as frases trocando os nomes por pronomes. Veja o exemplo.

> **Carlos** cantou no parque da cidade.
> **Ele** cantou no parque da cidade.

a) Marina é boa aluna.
_____

b) Os meninos brincam de bola na quadra.
_____

c) Eu e Fabiana já almoçamos naquele restaurante.
_____

d) Os pássaros cantam no jardim de Valéria.
_____

e) Fátima e Clara são sergipanas.
_____

6 Escreva frases usando os pronomes indicados:

a) pronome pessoal do caso reto na 1ª pessoa do singular;
_____

b) pronome pessoal do caso reto na 3ª pessoa do plural.
_____

Língua Portuguesa

Palavras com L e U no final de sílabas

Vamos ler

— **Caiu!**
Às seis horas da manhã
meu irmão me **sacudiu**:
— Acorda que está na hora,
vamos correr pra escola,
todo mundo já **saiu**.

Sem saber que era domingo,
da cama logo pulei.
Vesti a roupa correndo,
toda apressada e tremendo
nem os dentes escovei.

— De que você está rindo?
perguntei a meu irmão.
— Hoje é domingo, maninha,
foi só uma pegadinha
dessas da televisão...
Preparei, você caiu
no meu primeiro de **abril**.

Hoje é dia da mentira
mas é um dia de verdade.
E de verdade a mentira
já **dominou** a cidade.

Reynaldo Jardim. *Viva o dia!* São Paulo: Melhoramentos, 2001. p. 17.

> As letras **l** e **u** têm sons parecidos quando em final de sílabas.

Atividades

1 Copie do poema todas as palavras destacadas, separando-as de acordo com a letra final.

a) **L** _____

b) **U** _____

2 Ligue cada palavra à sua respectiva forma plural.

a) avental

b) mingau

c) degrau

d) sinal

e) céu

f) carnaval

g) pneu

h) pardal

• degraus

• pardais

• mingaus

• aventais

• pneus

• carnavais

• sinais

• céus

3 Complete as palavras com **l** ou **u** e escreva-as.

a) ane____   _____

b) pa____   _____

c) sa____dade   _____

d) chapé____   _____

e) quinta____   _____

f) automóve____   _____

g) ba____   _____

h) pape____   _____

i) caca____   _____

j) so____dado   _____

k) degra____   _____

l) paste____   _____

4 Use algumas palavras do quadro para completar as frases a seguir.

| abril | mau | alto | meu |
| abriu | mal | auto | mel |

a) O quarto mês do ano é _____.

b) _____ vestido azul é belíssimo.

c) Comi muito e passei _____ ontem.

d) Sou o mais _____ da turma.

Língua Portuguesa

NOME: _____ DATA: _____

Plural de palavras terminadas em L e U

Vamos ler

[...]

Um dia, Marcelo ganhou de seu pai um computador portátil, leve e supermoderno. Era algo fabuloso. Agora Marcelo podia ficar conectado à internet o dia todo, assistir a filmes, baixar músicas, fazer os deveres da escola e ligar para os amigos e trocar caretas. Marcelo ficou tão enfeitiçado pelo seu computador portátil que, da noite para o dia, ele virou a sombra do menino. E como o computador era ágil! Executava os comandos num piscar de olhos. Uma verdadeira ilha paradisíaca com mil e uma aventuras, amigos e atrativos. Marcelo levava-o para tudo quanto era lugar.

[...]

Jonas Ribeiro. *Uma ilha a mil milhas daqui*. São Paulo: Editora do Brasil, 2014. p. 10.

Atividades

1 Copie do texto as palavras terminadas em **l** e em **u**.

_____

_____

Observe o plural de duas palavras retiradas do texto:
- seu – seus;
- ágil – ágeis.

Língua Portuguesa

2 Ordene as sílabas e escreva palavras no plural.

| zuis | pas | u | pe | ven | çóis | ru | rus | néis | ca | de | len | tais | téis | a | nis | dais | bus |

a) _____   d) _____   g) _____

b) _____   e) _____   h) _____

c) _____   f) _____   i) _____

3 Escreva o plural das palavras a seguir.

a) nacional _____   f) mingau _____

b) tatu _____   g) coronel _____

c) canil _____   h) pau _____

d) réu _____   i) pincel _____

e) álcool _____   j) animal _____

4 Escreva o nome das imagens a seguir. Depois, encontre e pinte no diagrama o plural das palavras que você escreveu.

T	R	O	F	É	U	S
M	T	E	S	K	A	C
C	H	A	P	É	U	S
G	T	W	S	D	Q	A
B	S	P	E	R	U	S
E	V	T	V	W	E	Y
R	U	M	T	E	X	G
I	F	S	C	D	R	I
M	M	J	A	U	P	R
B	V	I	R	O	I	A
A	W	A	A	D	E	S
U	W	Q	C	R	G	S
S	U	E	Ó	Y	K	Ó
B	R	T	I	N	M	I
Q	T	K	S	R	P	S

82 **Língua Portuguesa**

Linguagem formal e linguagem informal

Vamos ler

A TURMA DO MALUQUINHO EM BESTEIROL

— TODO MUNDO ANIMADO PRA VISITAR O MUSEU DE ARTE?

— PRA FALAR A VERDADE, NÃO TÔ MUITO ANIMADA... MUSEU É UM LUGAR MUITO CHATO! SÓ TEM COISAS VELHAS...

— NÃO SE PREOCUPE, SHIRLEY! O MUSEU É DE ARTE MODERNA!

— MAIS ALGUM COMENTÁRIO?

— PÔ! VAMOS LOGO QUE EU TÔ DOIDO PRA VER AS MÚMIAS E OS FÓSSEIS DE DINOSSAURO!

Ziraldo. *Maluquinho por arte: histórias em que a turma pinta e borda.* 2. ed. São Paulo: Globo, 2010. p. 5.

Linguagem informal ou coloquial é a forma de falar espontânea, do dia a dia, que não exige o cumprimento total das regras da língua. Nela podem ser usadas gírias e palavras que na linguagem formal não são aceitas ou têm outro significado.
Linguagem formal ou variedade urbana de prestígio é a forma de falar ou escrever de acordo com as normas gramaticais da língua.

Atividades

1 Circule na história em quadrinhos palavras características da linguagem informal e escreva-as a seguir.

_____

2 Marque um **X** nos quadrinhos das frases que apresentam palavras ou expressões em linguagem informal.

a) ☐ Oi, galera! Tudo beleza?

b) ☐ Bom dia, tudo bem?

c) ☐ Tô com fome! Topa comê um sanduba?

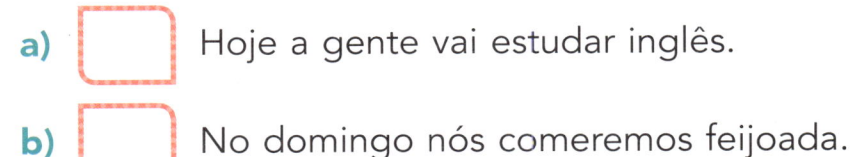

d) ☐ Estou com fome! Vamos almoçar?

e) ☐ Tá ligado, cara!

3 Escreva **I** para indicar frases escritas em linguagem informal e **F** para indicar aquelas escritas em linguagem formal.

a) ☐ Hoje a gente vai estudar inglês.

b) ☐ No domingo nós comeremos feijoada.

c) ☐ Tô no telefone! Cê pode esperar?

d) ☐ Estou ocupada! Você pode aguardar?

e) ☐ Valeu, José! Vamo nessa.

f) ☐ Obrigada! Até breve.

4 Observe a história em quadrinhos e complete os balões de fala com um diálogo informal.

84 Língua Portuguesa

NOME: _____ DATA: _____

Palavras com AR, ER, IR, OR, UR

Vamos ler

Tartarugas

1. Casa de tartaruga
   não se vende
   e nem se aluga.

2. Tartaruga
   vive no banho
   e nunca se enxuga.

3. Tartaruga
   dorme tarde
   e cedo madruga?

4. A velha tartaruga
   coça com prazer
   sua mais nova verruga.

5. Tartaruga
   pra livrar o casco,
   inventa rotas de fuga.

6. Óleo de tartaruga
   rejuvenesce
   e desenruga?

7. Tartaruga
   mesmo nova,
   é cheia de ruga!!!

José de Castro. *Poemares*. Belo Horizonte: Dimensão, 2007. p. 20.

Atividades

1 Sublinhe no poema as palavras com **ar**, **er**, **ir**, **or** e **ur** e escreva-as a seguir.

_____

2 Complete as palavras com **ar**, **er**, **ir**, **or** ou **ur** e separe as sílabas delas.

a) escrev____   _____

b) ____tista   _____

c) ca____   _____

d) ____so   _____

e) corr____   _____

f) ____mão   _____

g) c____so   _____

h) sorr____   _____

i) ____valho   _____

j) c____tilha   _____

k) c____co   _____

l) f____no   _____

m) b____co   _____

n) esp____to   _____

Língua Portuguesa

3 Escreva o nome das figuras.

a) _____

c) _____

e) _____

b) _____

d) _____

f) _____

4 Forme palavras usando as sílabas do quadro a seguir.

| ar | so | co | ur | go | te | la | or | cir | cur | dem | por |

a) _____   d) _____   g) _____

b) _____   e) _____   h) _____

c) _____   f) _____   i) _____

5 Leia as palavras e coloque a letra **r** para formar novas palavras. Veja o exemplo.

copo – co**r**po

a) fada _____   e) uso _____

b) maca _____   f) foca _____

c) cata _____   g) dado _____

d) lago _____   h) baba _____

Língua Portuguesa

NOME: _____ DATA: _____

Verbos

Vamos ler

Enquanto o sono não vem

Enquanto o sono não vem
escrevo o meu diário.
Conto novidades do dia e tristezas da noite.
Colo uma flor onde devia haver um verso
dedicado ao meu bem
(que ainda não chegou).
Folheio as páginas
vejo papéis de bombons
fotos
bilhetinhos laços de fita retratos de artistas pensamentos
uma poesia escrita por Manuel Bandeira.
Meu diário é o maracujá
das horas de medo e insônia.

Graça Rios. Enquanto o sono não vem. In: Ronaldo Claver.
Rumo à estação poesia. Belo Horizonte: Dimensão, 2001. p. 31.

> **Verbo** é a palavra que pode indicar uma ação, um estado, um fenômeno da natureza, uma vontade, um sentimento, um acontecimento etc.

Atividades

1 Copie do poema todas as ações da personagem.

_____

2 Sublinhe os verbos nas frases a seguir e copie-os no espaço indicado.

a) Vovó fez um bolo de chocolate. _____

b) Eu sonhei com um extraterrestre. _____

c) Hoje trovejou durante o dia. _____

d) A vaca mugiu no estábulo. _____

e) Larissa ficou com dor de cabeça. _____

3 Numere os verbos de acordo com a legenda.

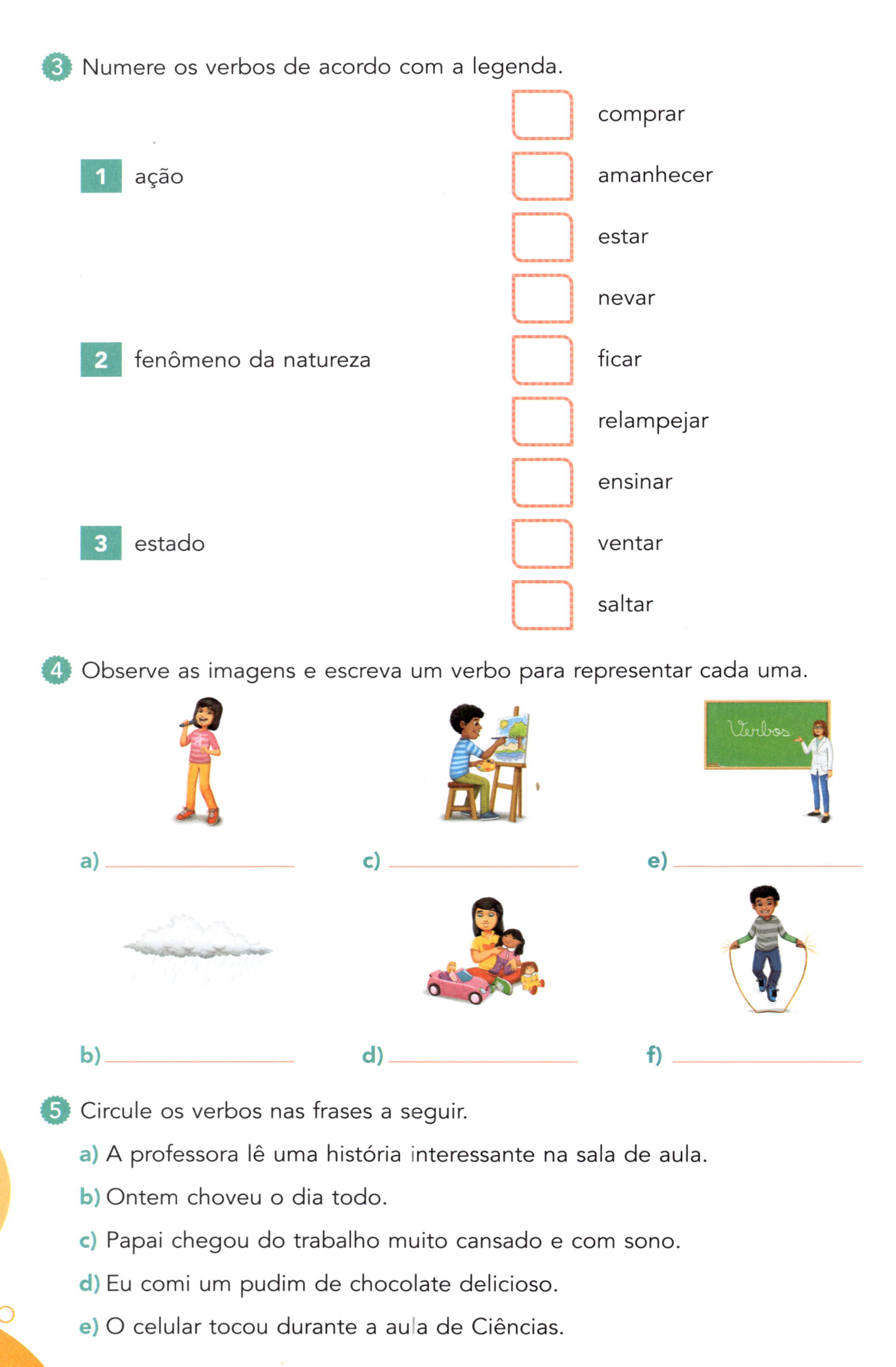

1	ação
2	fenômeno da natureza
3	estado

☐ comprar
☐ amanhecer
☐ estar
☐ nevar
☐ ficar
☐ relampejar
☐ ensinar
☐ ventar
☐ saltar

4 Observe as imagens e escreva um verbo para representar cada uma.

a) _____   c) _____   e) _____

b) _____   d) _____   f) _____

5 Circule os verbos nas frases a seguir.

a) A professora lê uma história interessante na sala de aula.

b) Ontem choveu o dia todo.

c) Papai chegou do trabalho muito cansado e com sono.

d) Eu comi um pudim de chocolate delicioso.

e) O celular tocou durante a aula de Ciências.

88 **Língua Portuguesa**

NOME: _____ DATA: _____

Verbos no infinitivo

Vamos ler

Os primeiros voos do menino

Um dia, Marcelinho chegou da escola com alguma coisa guardada na mochila. Foi falando e tirando aos poucos o embrulho de presente com uma flor em cima:

— Mãe, adivinha o que eu trouxe de presente pra você e pro pai. [...] Eu não vou **dizer**. Surpresa é surpresa. Quem tem de **abrir** é você ou o pai.

— Mas o pai só chega no final da semana... E estou morta de curiosidade!...

— O pai não vai se **importar** com o presente aberto. E vai **gostar** muito de **ver** que há uma surpresa bem bonita, feita só pra ele! A sua surpresa, você vai **descobrir** de cara.

— Você está me matando de curiosidade, menino!

— Então abra logo. Mas eu não quero **estar** perto... Se for uma bomba em matemática, vai **explodir** nas suas mãos. [...]

Era um presente bonito, muito bonito, muito importante e gostoso de **receber**. No fundo, Marcela, a mãe de Marcelo, já esperava **receber** um dia um presente assim do filho. [...]

Com o presente visto e revisto, Marcela correu para **abraçar** e **agradecer** o filho. [...]

O pai chegou e foi uma festa. Agora eram dois a **namorar**, **ler** e a **ver** o presente.

Era um livro simples, com textos e desenhos feitos no computador nas aulas de informática. Mas era o livro mais bonito e importante que os dois já tinham visto e lido.

Elias José. *Os primeiros voos do menino*. São Paulo: Editora do Brasil, 2005. p. 3, 4 e 28.

Quando o verbo termina em **r** dizemos que está no modo **infinitivo**, ou seja, não está conjugado e, por isso, apenas indica a ação.

Atividades

1 Copie do texto cinco verbos que estão no infinitivo.

_____

_____

2 Passe os verbos para o infinitivo. Veja o exemplo.

> caiu – cair

a) toma _____   j) levou _____

b) escutou _____   k) pinta _____

c) escreve _____   l) correu _____

d) brinca _____   m) nadam _____

e) comeu _____   n) cozinhou _____

f) dorme _____   o) lemos _____

g) pensa _____   p) bebe _____

h) subiu _____   q) pulamos _____

i) cantam _____   r) ouviu _____

3 Escreva ao lado de cada palavra a ação correspondente a ela. Veja o exemplo.

> nadador – nadar

a) digitador _____   h) corredora _____

b) escritora _____   i) pensador _____

c) jogador _____   j) comprador _____

d) orientadora _____   k) cozinheiro _____

e) cobrador _____   l) vendedora _____

f) trabalhador _____   m) vigilante _____

g) cantora _____   n) estudante _____

Língua Portuguesa

Conjugações verbais

Vamos ler

Sono

Hoje acordei cansado
e não pude reclamar
ontem a noite foi longa
demorei a me deitar

É que o filme estava bom
não queria dormir
mamãe bem que me avisou
como eu ia me sentir

— Amanhã será difícil
você vai choramingar
não adianta vir com manha
quando o despertador tocar!

Me arrastei para a perua
quase dormi na escola
bocejei mais de cem vezes
eu queria é ir embora

Cheguei em casa arrasado
doidinho para deitar
mas a mamãe foi avisando
— Primeiro vai almoçar!

Tive lição para fazer
e trabalho para entregar
dar comida para o cachorro
e meu quarto arrumar

Banho tomado, escovo os dentes
caio na cama e nem ligo a TV
mal deitei já estou dormindo
boa noite para você!

Simone Mendonça Diniz. *Poemas da cabeça da mamãe*. São Paulo: Pandorga Kids, 2011. p. 10.

Na língua portuguesa há três conjugações verbais. Veja:
- **1ª conjugação** – verbos terminados em **-ar**, como brincar, andar, falar;
- **2ª conjugação** – verbos terminados em **-er**, como beber, comer, vender;
- **3ª conjugação** – verbos terminados em **-ir**, como abrir, dormir, dividir.

Atividades

1) Circule no poema os verbos que estão no infinitivo e copie-os a seguir, de acordo com a conjugação a que pertencem.

a) 1ª conjugação: _____

b) 2ª conjugação: _____

c) 3ª conjugação: _____

2) Escreva a conjugação a que pertencem os verbos. Veja o exemplo.

falar – 1ª conjugação

a) comer _____   **f)** sentir _____

b) cantar _____   **g)** beber _____

c) fugir _____   **h)** saltar _____

d) pensar _____   **i)** subir _____

e) escrever _____   **j)** andar _____

3) Escreva o infinitivo destes verbos.

a) dancei _____

b) chorava _____

c) escreveu _____

d) dormiu _____

e) recebemos _____

f) bebi _____

g) costuro _____

h) falou _____

i) comeram _____

j) dividiu _____

Língua Portuguesa

NOME: _____   DATA: _____

Revisando as conjugações verbais

Vamos ler

Férias

Assim que chegam as férias
é aquele lufa-lufa.
É o mesmo pega-pega,
e começa o puxa-puxa.

É saltar logo da cama
lavar a cara correndo.
Não levar o guarda-chuva,
com tanta chuva chovendo.

Na hora da brincadeira
é aquele bate-boca.
Vou soltar o tico-tico,
esconder no guarda-roupa.

Vou brincar de pula-pula,
vou fazer de faz-de-conta.
De rodar feito pião,
a cabeça fica tonta.

Vou pescar no pesque-pague,
mas não pesco tubarão.
Nem peixe-boi nem baleia,
esqueci o meu arpão.

Vim pescar, trouxe de isca,
um punhado de minhoca.
Não peguei nenhum bagrinho;
devia trazer pipoca.

Depois dessa pescaria,
na hora do lusco-fusco,
pego para cavalgar
um cavalo muito chucro.

Refresquei minha cabeça,
já posso voltar pra escola.
Estudo toda a semana,
no domingo, bato bola.

Reynaldo Jardim. *Viva o dia!* São Paulo: Melhoramentos, 2001. p. 57.

Atividades

1 Sublinhe todos os verbos do poema.

Língua Portuguesa

2 Reescreva os verbos do poema de acordo com a conjugação a que pertencem.

a) 1ª conjugação: _____

_____

b) 2ª conjugação: _____

_____

c) 3ª conjugação: _____

_____

3 Escreva estes verbos no quadro a seguir de acordo com a conjugação a que pertencem.

dormir	cantar	vender	seguir
andar	comer	abraçar	ler
ouvir	pedir	correr	conversar

1ª conjugação	2ª conjugação	3ª conjugação

4 Leia a frase a seguir, circule os verbos e marque um **X** na alternativa correta sobre a conjugação verbal a que eles pertencem.

- As crianças cantam e dançam com entusiasmo.

a) ☐ 1ª conjugação e 3ª conjugação

b) ☐ 1ª conjugação e 1ª conjugação

c) ☐ 3ª conjugação e 3ª conjugação

d) ☐ 2ª conjugação e 2ª conjugação

Língua Portuguesa

NOME: _____ DATA: _____

Palavras com ISAR e IZAR

Vamos ler

[...]
— Como é bom estar aqui. Que lugar é este?

— Você não me conhecia ainda, sementinha. Eu sou a Mãe Terra e você está dentro de mim. Agora, estarei cuidando de você. Aqui você não vai sentir fome, nem sede, nem frio, nem calor. Terá tudo o que **precisar** para que um dia...

Mas a sementinha nem acabou de ouvir a Mãe Terra falar. Estava com tanto sono que dormiu novamente.

Ela não sabia que estava começando a fazer outra viagem. A viagem para uma nova vida. Ao acordar não seria mais uma sementinha.

Muitos dias e muitas noites se passaram. Numa manhã de sol a sementinha acordou. Abriu os olhos e percebeu que estava diferente. A casquinha que a cobria se partiu, e ela soltou algumas raízes que se firmaram na terra. Um brotinho verde começou a brotar. Do lado de fora tudo era claro e bonito. O sol brilhava iluminando o dia. Suas primeiras folhinhas, felizes, saudaram aquela linda manhã:

— Bom dia!
[...]

Nye Ribeiro. *Uma viagem com muitas mães*. São Paulo: Editora do Brasil, 2004. p. 16 e 18.

Observe:
- palavra **com s** → preciso – precisar – terminação **isar**;
- palavra **sem s** → útil – utilizar – terminação **izar**.

Atividades

1 Escreva a palavra em destaque no texto.

_____

Língua Portuguesa

2 Forme verbos com as palavras a seguir utilizando as terminações **isar** ou **izar**. Veja os exemplos.

> aviso – avisar

> final – finalizar

a) real _____

b) liso _____

c) útil _____

d) pesquisa _____

e) popular _____

f) central _____

g) moderno _____

h) preciso _____

i) humano _____

j) canal _____

k) improviso _____

l) análise _____

m) legal _____

n) atual _____

o) divino _____

p) normal _____

3 Forme verbos com as terminações **isar** e **izar** usando as sílabas do quadro a seguir.

zar	u	ca	pi	a	pro	na	mo	pre	ri
gi	vi	fe	ci	li	to	re	ti	sar	vo

a) _____

b) _____

c) _____

d) _____

e) _____

f) _____

g) _____

h) _____

i) _____

j) _____

4 Forme frases com verbos terminados em **isar** e **izar**.

a) _____

_____

b) _____

_____

NOME: _____ DATA: _____

Tempos verbais

Vamos ler

O bonequinho de massa

[...]
Uma noite **foram** todos ao cinema. Todos não — menos o Juquinha, que **estava** com muita tosse e a noite estava tão fria...

— Você **fica** bem quietinho, meu amor? — **perguntou**-lhe a mamãe.
— Vá estudar um pouco, depois você **poderá** brincar com o seu jogo de paciência, com seus soldadinhos e, quando eu voltar, **quero** encontrá-lo na caminha. Vou trazer-lhe um presente, que você só **receberá** se tiver muito juízo. Joana **ficará** com você. Mas não vá à cozinha, que é muito fria.
[...]

Mary Buarque. *O bonequinho de massa*. 2. ed. São Paulo: Editora do Brasil, 2008. p. 6.

> Os verbos apresentam três tempos: **presente**, **pretérito (passado)** e **futuro**.

Atividades

1 Copie no quadro os verbos destacados no texto de acordo com o tempo verbal.

Ontem	Hoje	Amanhã
Pretérito	Presente	Futuro

Língua Portuguesa 97

2 Observe as imagens e os tempos verbais indicados, e complete as frases.

| tempo pretérito | tempo presente | tempo futuro |

a) Eu _____ a maçã. b) Eu _____ a maçã. c) Eu _____ a maçã.

3 Indique o tempo em que estão os verbos a seguir.

a) ficarei _____

b) caiu _____

c) bebo _____

d) comeram _____

e) brincará _____

f) como _____

g) falou _____

h) sobe _____

i) cantarei _____

j) falará _____

4 Circule o verbo das frases e indique o tempo verbal de cada um deles.

a) A professora ensina a lição de Geometria. _____

b) O motorista dirigiu o caminhão. _____

c) Marina andará de bicicleta no parque. _____

d) Mamãe ganhará um presente de Natal. _____

e) Os pandas comem bambu. _____

f) Eu adorei o final daquele livro de mistérios. _____

5 Complete a frase com o verbo **cozinhar** no tempo verbal adequado.

cozinharam   cozinham   cozinharão

- Fred e Beatriz _____ um delicioso jantar para a festa de amanhã.

Língua Portuguesa

NOME: _____ DATA: _____

Verbos terminados em AM e ÃO

Vamos ler

[...]
A escada transparente
apareceu no quintal de casa.
Da noite para o dia.
Era firme e em nada rangia.
Ninguém jogou sementes de degrau.
Nem chuva desabou no quintal.
Era uma escada que passava do céu
e continuava, continuava, continuava.
Tudo aconteceu num domingo.
Fui colocar meus tênis para arejar no degrau.
Encontrei a escada crescida, ali florescida.
Acordei a família inteira.
Todos **correram** para ver a doideira.
Ninguém viu nada.
Para eles, a escada nunca existiu.
Ela estava ali na frente,
no meu nariz,
e ninguém via nada de nada.
Eles **entraram**, **deitaram** de novo.
Eu fiquei olhando, olhando, olhando.
[...]

César Obeid e Jonas Ribeiro. *A escada transparente*. São Paulo: Editora do Brasil, 2013. p. 13 e 15.

> Verbos terminados em **am** indicam uma ação no pretérito (passado).
> Verbos terminados em **ão** indicam uma ação no futuro.

Atividades

1 Observe os verbos destacados no poema e escreva-os a seguir.

_____

2 Complete os verbos das frases com **ão** ou **am**.

a) Ontem eles comer____. Amanhã eles comer____.

b) Ontem elas receber____. Amanhã elas receber____.

c) Ontem eles jogar____. Amanhã eles jogar____.

d) Ontem eles dormir____. Amanhã eles dormir____.

3 Escreva os verbos no futuro.

a) andam _____   f) pescam _____

b) falaram _____   g) buscam _____

c) gostam _____   h) correm _____

d) acharam _____   i) pediram _____

e) esconderam _____   j) compram _____

4 Ligue as colunas corretamente.

ontem		pensarão
hoje		pensam
amanhã		pensaram

5 Escreva as frases a seguir usando os verbos no tempo futuro.

a) As crianças jogam bola no quintal da casa de Sofia.
_____

b) Camila e Lucas gostaram do filme.
_____

c) Os meninos visitaram o zoológico da cidade.
_____

d) Os pescadores pescaram muitos peixes.
_____

e) Meus avós chegam de Portugal.
_____

NOME: _____ DATA: _____

Revisando verbos

Vamos ler

Beija-flor

Os beija-flores ou colibris são os menores pássaros do mundo. Ágeis e irrequietos em suas lindas e variadas cores, encantam a todos aqueles que observam as admiráveis coreografias que eles desenham no ar. Voando sem parar, em todas as direções, estão sempre à procura do néctar de que se alimentam e para obtê-lo introduzem seu bico longo e fino em cada flor que encontram.

A velocidade e a agilidade no voo são, sem dúvida, suas características mais marcantes. Como pequeninos mísseis alados, cortam o ar em manobras inesperadas e parecem nada temer. [...]

O menor deles é o beija-flor-abelha, encontrado em Cuba. Mede cerca de 5 centímetros de comprimento, sendo que a metade deste tamanho corresponde ao bico e à cauda, e pesam em média 6 gramas. Existem também beija-flores maiores, embora sejam exceção. O beija-flor-gigante, por exemplo, que vive na América do Sul e chega a medir 20 centímetros de comprimento.

Pertencentes a uma das maiores famílias de pássaros, as inúmeras espécies de beija-flores apresentam uma grande variedade de cores, tamanhos, tipos de plumagem e formatos de bico. [...]

Disponível em: <www.saudeanimal.com.br/beija.htm>. Acesso em: maio 2015.

> Verbos no **presente** indicam que a ação está acontecendo no momento em que se fala ou que ela acontece sempre.

Atividades

1 Circule no texto os verbos que estão no presente e escreva-os a seguir.

_____
_____
_____

Língua Portuguesa 101

2 Usando o tempo presente dos verbos indicados, complete as frases.

a) Eu _____ inglês aos sábados. (estudar)

b) A Lua _____ a Terra. (iluminar)

c) Nós _____ naquele rio gelado. (nadar)

d) O gato _____ no telhado. (subir)

e) As crianças _____ basquetebol. (jogar)

f) Este professor _____ Matemática. (ensinar)

3 Conjugue os verbos a seguir nos tempos indicados.

brincar – pretérito	vencer – futuro

a) Eu _____

b) Tu _____

c) Ele _____

d) Nós _____

e) Vós _____

f) Eles _____

g) Eu _____

h) Tu _____

i) Ele _____

j) Nós _____

k) Vós _____

l) Eles _____

4 Reescreva as frases passando o verbo sublinhado para o tempo presente. Veja o exemplo.

> O Sol brilhou no céu azul.
> O Sol brilha no céu azul.

a) Carina comeu o bolo de laranja.

_____

b) Mamãe lavou toda a roupa suja.

_____

c) João cantará na confraternização de final de ano.

_____

d) Elenice pagou as dívidas no prazo correto.

_____

e) Os cães de Gustavo tomarão as vacinas.

_____

Língua Portuguesa

Revisando conjugações verbais

Vamos ler

Coisas dispensáveis

Quem quiser comprar eu vendo:
um gato que deixa o rato sossegado
uma vaca que só berra em *shopping*
um gnomo que foge da floresta
uma borboleta que só fica parada
um palhaço que chora e faz chorar
um mágico desligado dos sonhos e fantasias
um sapo que se recusou a virar príncipe
um príncipe que sonha em ser um sapo
uma princesa que se nega a entrar na história
um passarinho que detesta cantigas e cantores
uma feiticeira boa que vive dando conselhos
um mocinho de cinema que não anda a cavalo.

Eu vendo, troco, empresto, dou,
Pois não servem mesmo pra nada!

Elias José. *Um jeito bom de brincar.* São Paulo: FTD, 2002. p. 9.

Atividades

1 Circule todos os verbos do poema e escreva-os a seguir de acordo com a conjugação a que pertencem.

a) 1ª conjugação: _____

b) 2ª conjugação: _____

c) 3ª conjugação: _____

2 Complete os quadros conjugando os verbos.

Cantar – 1ª conjugação – AR

Presente	Pretérito	Futuro
Eu _____	Eu _____	Eu _____
Tu _____	Tu _____	Tu _____
Ele/Ela _____	Ele/Ela _____	Ele/Ela _____
Nós _____	Nós _____	Nós _____
Vós _____	Vós _____	Vós _____
Eles/Elas _____	Eles/Elas _____	Eles/Elas _____

Vender – 2ª conjugação – ER

Presente	Pretérito	Futuro
Eu _____	Eu _____	Eu _____
Tu _____	Tu _____	Tu _____
Ele/Ela _____	Ele/Ela _____	Ele/Ela _____
Nós _____	Nós _____	Nós _____
Vós _____	Vós _____	Vós _____
Eles/Elas _____	Eles/Elas _____	Eles/Elas _____

Partir – 3ª conjugação – IR

Presente	Pretérito	Futuro
Eu _____	Eu _____	Eu _____
Tu _____	Tu _____	Tu _____
Ele/Ela _____	Ele/Ela _____	Ele/Ela _____
Nós _____	Nós _____	Nós _____
Vós _____	Vós _____	Vós _____
Eles/Elas _____	Eles/Elas _____	Eles/Elas _____

Língua Portuguesa

NOME: _____ DATA: _____

Revisando tempos verbais

Vamos ler

Tolas perguntas

Onde estará o rato
que se escondeu no meu sapato?

Onde estará o meu sapato
que escondi perto do gato?

Onde estará o gato
que miava chamando o pato?

Onde estará o pato
que nadava feito um peixe?

Onde estará o peixe
que nadou fundo no rio?

Onde estará o rio
que caminhava para o mar?

O rio virou mar
que deixou encantados
o rato, o gato, o pato e o peixe.

<small>Elias José. Tolas perguntas. In: Bartolomeu Campos de Queirós (Org.). *Gotas de poesia*. São Paulo: Moderna, 2003. v. 1. p. 45.</small>

Atividades

1 Circule de **vermelho** os verbos do poema que estão no pretérito e, de **azul**, os que estão no futuro. Depois, escreva todos eles a seguir.

_____

_____

2 Numere os verbos de acordo com a legenda.

1 presente

2 pretérito

3 futuro

- [ ] rezou
- [ ] caminharei
- [ ] vendo
- [ ] desenhará
- [ ] gritou
- [ ] como
- [ ] mandou
- [ ] falarão
- [ ] sonhei
- [ ] corro
- [ ] estudaremos
- [ ] escrevo

3 Complete as frases usando o tempo futuro dos verbos indicados.

a) Ele _____ no torneio interescolar. (correr)

b) Maria _____ a redação em voz alta. (ler)

c) Nós _____ na festa de casamento. (dançar)

d) Ela _____ nossa representante no Congresso. (ser)

e) Mamãe _____ um bolo de aniversário para Kátia. (fazer)

f) O cavalo _____ o obstáculo. (saltar)

g) Marília e Thiago _____ de Paris na próxima semana. (voltar)

h) Se mexer na colmeia, as abelhas _____ você. (picar)

i) Eu não sei se _____ terminar a lição a tempo. (conseguir)

4 Complete o quadro com o verbo **estudar** nos tempos indicados.

Pretérito	Futuro
Eu _____	Eu _____
Tu _____	Tu _____
Ele/Ela _____	Ele/Ela _____
Nós _____	Nós _____
Vós _____	Vós _____
Eles/Elas _____	Eles/Elas _____

Língua Portuguesa

NOME: _____ DATA: _____

Pronome pessoal do caso oblíquo

Vamos ler

O porquinho

Muito prazer, sou o porquinho
E **te** alimento também
Meu couro bem tostadinho
Quem é que não sabe o sabor que tem
Se você cresce um pouquinho
O mérito, eu sei,
Cabe a **mim** também.

Se quiser **me** chame
Te darei salame
E a mortadela
Branca, rosa e bela
Num pãozinho quente
Continuando o assunto
Te darei presunto
E na feijoada
Mesmo requentada
Agrado a toda gente.
[...]

O porquinho. Vinicius de Moraes. In: *A Arca de Noé: Poemas infantis*. São Paulo: Cia. das Letras; Editora Schwarcz Ltda., 1991. p. 68.

Pronome pessoal do caso oblíquo é aquele que, na frase, exerce a função de complemento do verbo. São eles:

- 1ª pessoa do singular – me, mim, comigo
- 2ª pessoa do singular – te, ti, contigo
- 3ª pessoa do singular – se, si, consigo, o, a, lhe

- 1ª pessoa do plural – nos, conosco
- 2ª pessoa do plural – vos, convosco
- 3ª pessoa do plural – se, si, consigo, os, as, lhes

Língua Portuguesa

Atividades

1 Copie do poema os pronomes pessoais do caso oblíquo que estão em destaque.

_____

2 Complete as frases com pronomes pessoais oblíquos.

a) Eu _____ levanto às 6 horas.

b) Tu _____ levantas às 7 horas.

c) Ele _____ levanta às 6h30.

d) Nós _____ abraçamos na festa.

e) Vós _____ abraçastes na festa.

f) Eles _____ abraçaram na festa.

3 Sublinhe os pronomes do caso reto e circule os pronomes do caso oblíquo.

a) Nós ainda vamos ensinar-lhe a cantar.
b) Eles me fizeram um convite maravilhoso.
c) Ela irá conosco ao cinema.
d) Ele comprou uma bicicleta para mim.
e) Eu vou buscá-lo na escola no final da tarde.
f) Eles sempre procuram nos ajudar nas tarefas.

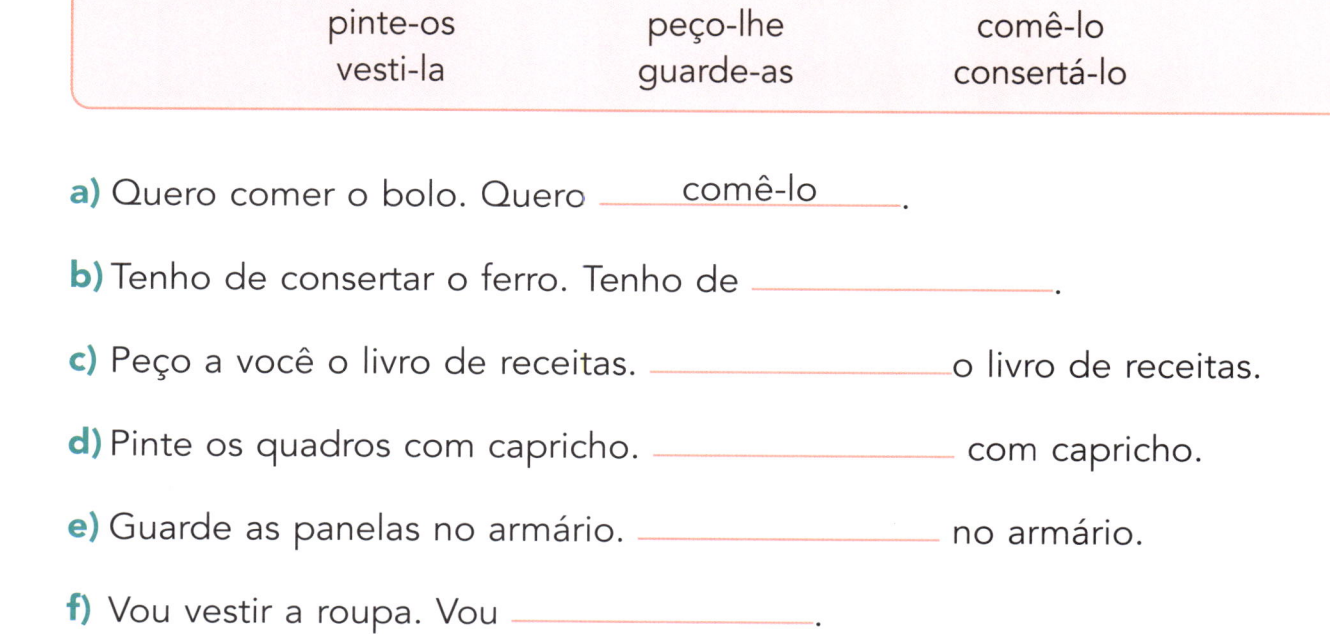

4 Retire do quadro os termos adequados para completar as frases a seguir. Veja o exemplo.

pinte-os	peço-lhe	comê-lo
vesti-la	guarde-as	consertá-lo

a) Quero comer o bolo. Quero ___comê-lo___.

b) Tenho de consertar o ferro. Tenho de _____.

c) Peço a você o livro de receitas. _____ o livro de receitas.

d) Pinte os quadros com capricho. _____ com capricho.

e) Guarde as panelas no armário. _____ no armário.

f) Vou vestir a roupa. Vou _____.

108 Língua Portuguesa

Pronome de tratamento

Vamos ler

O leão, o lobo e a raposa

O rei leão, já velho e cansado, estava doente em sua caverna, mas ainda cheio de esperança de se recuperar. Ordenou então que todos os animais da floresta visitassem-lhe para ensinar receitas de remédios que pudessem curá-lo.

E assim foi feito. Os animais visitaram o soberano da floresta, cada qual com uma receita de remédio caseiro. Porém, passaram-se dias e, entrava animal, saía animal da caverna, mas nada de a raposa aparecer.

O rei leão, muito intrigado, perguntou ao lobo por que a raposa não aparecia. Mas foi perguntar justamente para o lobo, inimigo mortal da raposa!

O lobo, querendo provocar discórdia, disparou:

— **Vossa Majestade**, por causa da doença, não consegue perceber que a raposa não apareceu porque é uma falsa! Não acredita em vossa recuperação e seria perda de tempo bajular um rei condenado. Creio que animais assim devam ser condenados à morte por desrespeito ao nosso monarca!!! — finalizou aos gritos.

O rei, muito enfurecido, soltou um rugido fraco, devido a seu estado de saúde, mas cheio de ira.

Nesse instante, a raposa entrou correndo na caverna e pediu a palavra.

— **Vossa Majestade**, ainda bem que escutei tal calúnia. Enquanto todos tentavam ajudar nosso rei e o lobo se preocupava em me prejudicar, eu estava pesquisando o motivo de sua doença. E descobri, **Vossa Excelência**!

— E qual é o remédio? — indagou o rei, intrigado.

— **Vossa Majestade** necessita aquecer seu corpo em um belo casaco feito com pele de lobo! Só assim as dores passarão. Acredito que o lobo tão bondoso não se incomodará em dar sua vida para salvar nosso rei.

A raposa retirou-se da caverna aliviada e feliz:

— Quis fazer uma intriga, pois bem, o feitiço virou contra o feiticeiro! – pensou.

E assim, o lobo foi condenado à morte, e o leão sobreviveu, por sorte!

Moral: Quem procura fazer mal aos outros acaba sendo vítima de suas próprias artimanhas.

Fábula de La Fontaine.

> Os **pronomes de tratamento** são palavras que usamos para nos dirigir à pessoa com quem estamos falando em determinada situação, seja ela formal, seja informal.

Atividades

1 Copie da fábula os termos destacados. Eles são pronomes de tratamento.

_____

2 Veja alguns pronomes de tratamento no quadro a seguir e, depois, complete as frases indicando os pronomes adequados a cada caso.

Pronome	Abreviatura	Usado para
Você	V.	Tratamento coloquial.
Senhor, Senhora	Sr., Sra.	Tratamento respeitoso.
Vossa Alteza	V. A.	Príncipes, duques.
Vossa Eminência	V. Em.ª	Cardeais.
Vossa Excelência	V. Ex.ª	Altas autoridades.
Vossa Majestade	V. M.	Reis, imperadores.
Vossa Senhoria	V. S.ª	Autoridades, pessoas de cerimônia.
Vossa Santidade	V. S.	Papa.
Meritíssimo	MM.	Juízes de Direito.

a) Para familiares e colegas usamos _____.

b) Falando com o papa usamos _____.

c) No tratamento respeitoso usamos _____.

d) Para príncipes e princesas usamos _____.

e) Para autoridades usamos _____.

f) Para juízes de Direito usamos _____.

NOME: _____ DATA: _____

Palavras com consoantes mudas

Vamos ler

Os segredos do baú

[...]

Havia máscaras para curar doenças, espantar maus espíritos, celebrar os nascimentos, festejar os casamentos, fortalecer o cultivo da terra, agradecer as colheitas e respeitar a morte.

Elas estavam sempre presentes nas comemorações e nos rituais das tribos. Feitas de barro, palha e principalmente de madeira, eram confeccionadas com muito respeito para ficarem cheias de energia e para que os pedidos fossem atendidos.

Eu olhava admirado para meu avô e para as máscaras, experimentando-as uma por uma, e por alguns instantes me sentindo aqueles personagens.

— Puxa, vô! Adorei conhecer um pouquinho da história do seu povo, que é minha história também. Essas máscaras não podem ficar escondidas. Por que a gente não coloca na parede para todo mundo ver?

Vovô falou satisfeito:

— Apesar delas não terem sido feitas para enfeitar, acho importante que outras pessoas as conheçam.

Agora, sempre que vejo as máscaras africanas na parede da sala, olhando para mim, me imagino como herói ou monstro, deus ou feiticeiro, gente ou bicho...

[...]

Mércia Maria Leitão. *Formas e cores da África*. São Paulo: Editora do Brasil, 2014. p. 13.

> Algumas palavras têm uma consoante muda. Exemplos: pneu, helicóptero, ritmo.

Atividades

1 Copie do texto as palavras que apresentam uma consoante muda.

_____

2 Leia as palavras a seguir e copie-as no quadro de acordo com a consoante muda indicada.

pacto   infecção   pneumonia   cacto

recepção   obstáculo   absurdo   admirar

objeto   observar   pneu   adjunto

advogado   decepção   adjetivo   ficção

b	d	p	c

3 Separe as sílabas das palavras a seguir.

a) ritmo _____

b) admirar _____

c) helicóptero _____

d) pneumonia _____

e) recepção _____

f) subterrâneo _____

g) abstrato _____

h) psicologia _____

i) dignidade _____

j) atmosfera _____

k) observatório _____

l) afta _____

4 Escolha uma das palavras da atividade anterior e escreva uma frase com ela.

_____
_____
_____

112 Língua Portuguesa

NOME: _____ DATA: _____

Advérbio

Vamos ler

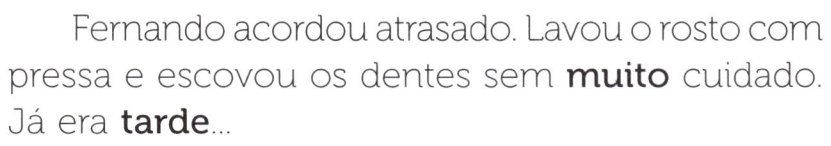

Fernando acordou atrasado. Lavou o rosto com pressa e escovou os dentes sem **muito** cuidado. Já era **tarde**...

A mãe havia saído para o trabalho e a Vó Bisa arrastava os chinelos na sala, aguando os vasinhos de violeta.

Fernando sabia que precisava correr.

Encontrou o café sobre a mesa e saiu mastigando o pão com margarina.

— Tchau, Vó Bisa, **até** o almoço.

A casa ficava no alto de uma ladeira e o menino magrinho desceu **até** a avenida feito um foguete. Se perdesse o ônibus das sete e meia ia ser fogo. Dona Lucinda era uma santa professora, mas **não** permitia a ninguém entrar **fora** de hora.

O ventinho da manhã arrepiava os braços, que a camiseta **não** protegia. Esquecera o agasalho. Fernando era um corisco em direção ao ponto de ônibus.

Ufa! Conseguiu.

[...]

Leila Rentroia Jannone. *Com a ponta dos dedos e os olhos do coração*. 2. ed. São Paulo: Editora do Brasil, 2007. p. 7.

> **Advérbio** é uma palavra invariável que modifica o sentido do verbo e indica circunstâncias de lugar, tempo, modo, afirmação, dúvida, intensidade etc.

Atividades

1. Copie as palavras destacadas no texto. Elas são advérbios.

2 Leia os advérbios do quadro e copie-os de acordo com as circunstâncias indicadas.

certamente	devagar	depois	nunca
pouco	depressa	longe	talvez
hoje	não	atrás	perto
menos	mal	ontem	muito
lá	possivelmente	já	sim

a) Lugar: _____

b) Modo: _____

c) Negação: _____

d) Afirmação: _____

e) Tempo: _____

f) Intensidade: _____

g) Dúvida: _____

3 Classifique os advérbios das frases a seguir.

a) Gosto muito de *pizza*. _____

b) Ele chegou cedo. _____

c) Mônica cantou alegremente. _____

d) Moro perto da escola. _____

4 Encontre sete advérbios no diagrama a seguir. Depois, escolha dois deles e escreva uma frase utilizando-os.

D	Y	T	E	A	P	O	U	C	O	N	L
E	B	A	U	N	T	E	H	M	V	I	O
P	X	L	M	A	M	A	N	H	Ã	D	N
O	C	V	I	E	N	A	H	A	H	K	G
I	A	E	L	N	Ã	O	I	F	A	A	E
S	M	Z	I	L	O	M	A	Q	U	I	A

_____

114 Língua Portuguesa

NOME: _____ DATA: _____

MAL e MAU

Vamos ler

Conversando com o mal

Às vezes o **mal** persegue o guerreiro. Então, com tranquilidade, ele o convida para sua tenda.

O guerreiro pergunta ao mal:

— Você quer me ferir ou me usar para ferir os outros?

O mal finge não ouvir. Diz que conhece as trevas da alma do guerreiro. Toca em feridas não cicatrizadas e clama vingança. Lembra que conhece algumas armadilhas e venenos sutis que ajudarão o guerreiro a destruir todos os inimigos.

O guerreiro da luz escuta. Se o mal distrai, ele faz com que retome a conversa e pede detalhes de todos seus projetos.

Depois de ouvir tudo, levanta-se e vai embora. O mal falou tanto, está tão cansado e tão vazio, que não conseguirá acompanhá-lo.

Paulo Coelho e Mauricio de Sousa. *O gênio e as rosas e outros contos*. 2. ed. São Paulo: Globo, 2010. p. 30.

Observe a palavra em destaque no conto. Agora, veja:
mal – é o contrário de **bem**;
mau – é o contrário de **bom**.

Atividades

1 Complete as frases com **mal** ou **mau**.

a) Hoje ele está de _____ humor.

b) Nosso time jogou _____.

c) Rodrigo é um _____ jardineiro.

d) Tenho medo do lobo _____.

e) Ele dirige muito _____.

f) Dalila escolheu _____ as flores.

g) A menina comportou-se _____ na festa.

h) O leão não é um bicho _____.

Língua Portuguesa

2 Reescreva as frases trocando **mau** por **bom** e **mal** por **bem**.

a) Ele é um homem mau.

_____

b) José era um mau amigo.

_____

c) Ele foi mal nas provas de Inglês.

_____

d) Murilo foi um mau perdedor.

_____

e) Aquela atleta jogou mal na partida de ontem.

_____

3 Marque um **X** nas frases em que o uso de **mau/bom** e **mal/bem** está correto.

a) ☐ Mônica chegou de mal humor.

b) ☐ Mônica chegou de mau humor.

c) ☐ Papai é um homem bom.

d) ☐ Papai é um homem mal.

e) ☐ Júlia foi mau nas atividades.

f) ☐ Júlia foi mal nas atividades.

g) ☐ Dormi muito mau esta noite.

h) ☐ Dormi muito mal esta noite.

i) ☐ Os legumes mal lavados prejudicam a saúde.

j) ☐ Os legumes mau lavados prejudicam a saúde.

k) ☐ Raiana foi muito bem na competição.

l) ☐ Raiana foi muito mau na competição.

4 Forme frases com **mal**, **mau**, **bem** e **bom**.

_____

_____

_____

_____

Língua Portuguesa

NOME: _____ DATA: _____

MAS e MAIS

Vamos ler

Quadrinho 1: LUCAS, MINHAS PRIMAS CHEGARAM!

Quadrinho 2: ESSAS SÃO VITORINHA E BÁRBARA! — OI!

Quadrinho 3: A VITÓRIA É BAIXINHA **MAS** É **MAIS** VELHA, NÉ, VITÓRIA? — SEUS AMIGOS SÃO TODOS GURIS.

Quadrinho 4: QUANDO EU ERA DA SUA IDADE, ERA UMA MENINA MUITO ECONÔMICA MESMO!

Quadrinho 5: MEU PAI SEMPRE DIZIA: "MENINA, ECONOMIZE PARA QUANDO CRESCER"...

Quadrinho 6: SE BEM QUE, PELO ANDAR DA CARRUAGEM, VOU PASSAR MAIS UNS CEM ANOS POUPANDO... — OLHA SÓ MINHA ALTURA!

Luiz Augusto. *Fala, menino!: as tiras em quadrinhos.* São Paulo: Manole, 2010. p. 72.

> Observe as palavras em destaque na história em quadrinhos. Agora, veja:
> **mas** – usamos no sentido de oposição, ideia contrária; **porém**.
> **mais** – usamos para expressar ideia de adição; é o contrário de **menos**.

Atividades

1 Copie da história em quadrinhos as falas que apresentam as palavras **mas** e **mais**.

_____
_____
_____
_____

Língua Portuguesa

2 Complete as frases com **mas** ou **mais**.

a) Eu estou com sono, bocejei _____ de dez vezes.

b) Gostei do filme, _____ chorei no final.

c) Esta é a cidade _____ bonita do Brasil.

d) Tenho de levantar _____ cedo amanhã.

e) Leia o texto com _____ atenção.

f) Marina passou de ano, _____ teve uma nota baixa.

3 Escreva certo ou errado para o uso de **mas** e **mais** nas frases a seguir.

a) Maria não é alta, mas joga vôlei.   _____

b) Este é o jardim mais florido da cidade.   _____

c) Os meninos querem mas bolo.   _____

d) Nosso planeta está mas poluído.   _____

e) Rui está cada vez mais gordo.   _____

f) Ele estudou, mais não aprendeu.   _____

4 Agora, escreva corretamente as frases incorretas da atividade anterior.

_____
_____
_____
_____

5 Reescreva as frases substituindo **porém** por **mas**.

a) Eu estudei muito, porém minha nota foi baixa.

_____

b) Ela desfilou muito bem, porém não ganhou o concurso.

_____

c) Sua comida está gostosa, porém faltou sal.

_____

d) Corri muito, porém perdi o ônibus.

_____

Língua Portuguesa

NOME: _____ DATA: _____

Preposição

Vamos ler

A onça acordou **com** sede. Teve um sonho horrível, mas não conseguia se lembrar **de** nada. Foi **até** a lagoa beber água. Quando viu sua imagem refletida, deu um miado assustado:

— Quem pegou as minhas pintas? Sumiram todas! — miou com raiva.

Do alto **de** uma árvore, o macaco reclamou:

— Que gritaria é essa? Não se pode mais dormir na floresta?

— As minhas pintas, as minhas pintas... — a onça repetia, inconformada.

— Ah, então é isso... Fale **com** os outros bichos pintados, quem sabe eles podem ajudar você.

[...]

Telma Guimarães Castro Andrade. *Quem pegou minhas pintas?* São Paulo: Editora do Brasil, 2003. p. 6-7.

Preposição é a palavra invariável que liga dois termos da frase, estabelecendo uma relação entre eles. Estas são as principais preposições da Língua Portuguesa:

a	ante	após	até
com	contra	de	desde
em	entre	para	perante
por	sem	sob	sobre

Atividades

1 Copie do texto as preposições em destaque.

_____

2 Circule a preposição nas frases.

a) João chegou após o almoço.

b) A vassoura está sem cabo.

c) O presente ficou sobre a mesa.

d) Vou brincar até as 10 horas.

e) Comprei frutas por cinco reais.

f) Estamos jogando contra seu time.

3 Escolha preposições do quadro e complete as frases adequadamente.

com	de	para	por	entre
sem	em	após	sob	desde

a) O cachorro está _____ a mesa.

b) A mala é _____ Isaura.

c) Comi pão _____ mortadela.

d) Comprei uma revista _____ quadrinhos.

e) Fiquei com frio, pois estava _____ agasalho.

f) Conheço você _____ pequeno.

g) Filme proibido _____ menores de 14 anos.

h) Vou me sentar _____ Rui e Davi.

4 Utilize as palavras a seguir, precedidas da preposição **a**, para completar as frases abaixo.

cavalo   Salvador   mim   dançar   ele

a) Papai e mamãe começaram _____.

b) Dei um presente _____.

c) O time viajou _____.

d) Maria andou _____.

e) O garoto pediu um favor _____.

Língua Portuguesa

NOME: _____ DATA: _____

Uso do X

Vamos ler

Bruxa Caxuxa é baixinha,
inteligente e ativa.
Mexe, remexe, inventa...
É uma bruxa criativa.

Caxuxa faz bruxarias,
mas não é todos os dias.
Ela também faz faxina
e cuida do barracão.
Lava, enxágua toda a roupa,
tira o lixo e enxuga o chão.

A colega Xexelenta
é xereta e vaidosa.
Vive fazendo fuxico.
É uma bruxa invejosa.
[...]

<small>Lucina Maria Marinho Passos. *Bruxinhas e bruxarias*. São Paulo: Scipione, 1991. p. 2, 4 e 6.</small>

Veja algumas dicas para saber quando usar **x** no lugar de **ch**. Mas lembre-se: há exceções.
- após um ditongo;
- depois da sílaba **me**;
- depois da sílaba **en**.

Atividades

1 Copie do poema todas as palavras com **x**.

_____
_____
_____

Língua Portuguesa

2 Complete as palavras com **x** ou **ch** e escreva-as.

a) en____oval _____   g) cai____a _____

b) bai____o _____   h) en____ugar _____

c) co____i____o _____   i) amei____a _____

d) quei____o _____   j) ____upeta _____

e) fle____a _____   k) to____a _____

f) ____adrez _____   l) bai____ela _____

3 Observe as imagens e complete o diagrama com palavras escritas com **x** ou **ch**.

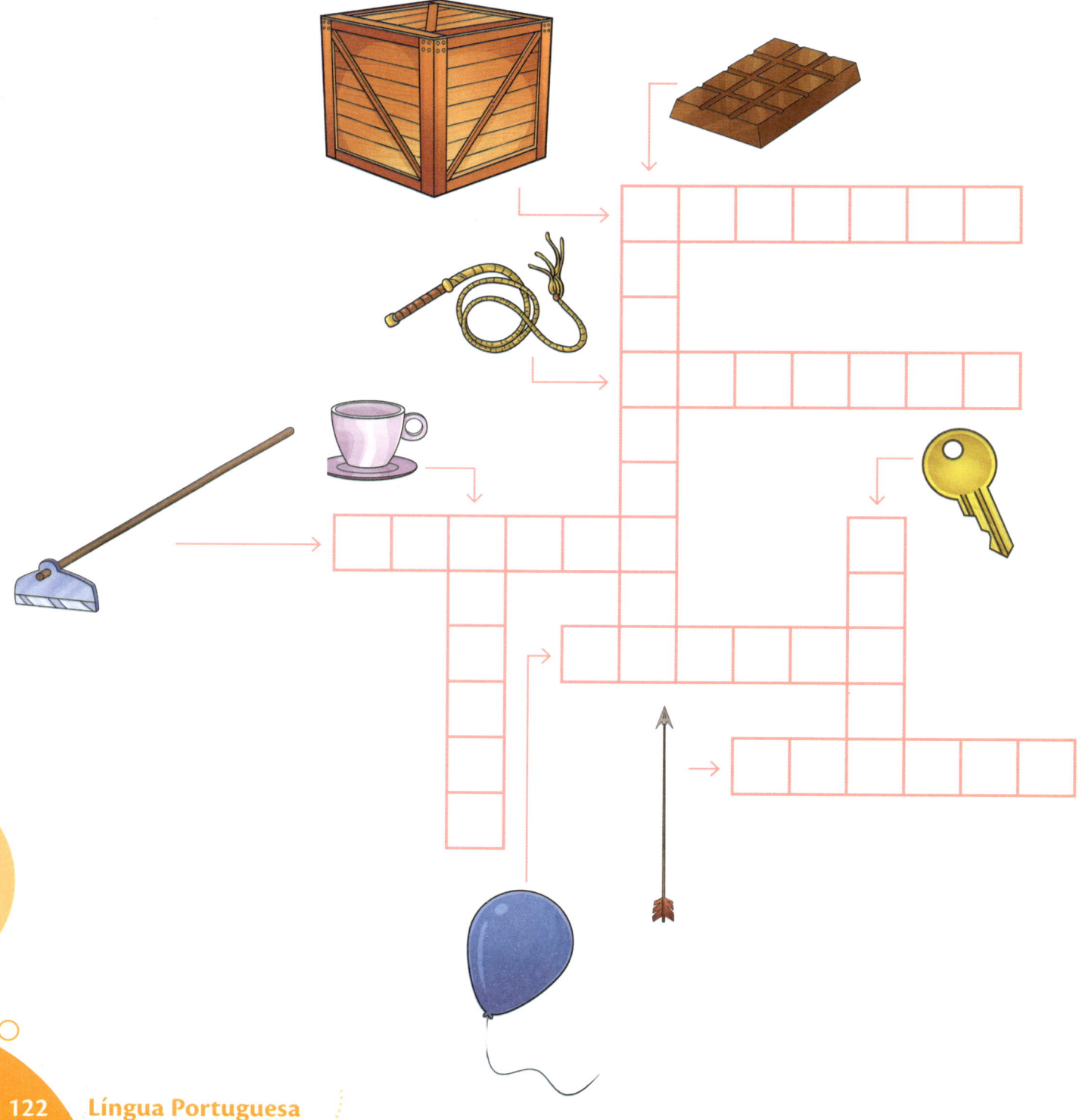

122 Língua Portuguesa

NOME: _____ DATA: _____

Palavras com X e CH

Vamos ler

— Inventei uma caixinha
que toca xaxado e rumba,
e elixir de mexerica
para a cura de caxumba!

Xexelenta fica roxa
de inveja da Caxuxa.
— Vou roubar essas receitas! —
fala baixinho a bruxa.

Caxuxa pega seu xale
e amarra embaixo do queixo.
A bruxinha voadora
sai montada na vassoura.
[...]

Lucina Passos. *Bruxinhas e bruxarias*.
São Paulo: Scipione, 1991. p. 8-10.

Atividades

1 Circule no poema todas as palavras com **x** e escreva-as a seguir.

_____

_____

_____

Língua Portuguesa

2 Leia as palavras a seguir e copie-as na coluna correta do quadro.

cachimbo	enxame	peixe	cheque
encher	ficha	cheio	maxixe
vexame	rachar	xaxim	chalé
bexiga	luxo	chuchu	enxugar

Palavras com X	Palavras com CH

3 Forme palavras com as sílabas a seguir.

LI	XI	CHA	RI	CHU	XO	BE	PE	CHO	GA
TO	FE	TA	XE	RO	LÉ	VEI	LU	QUE	VA

124 Língua Portuguesa

NOME: _____ DATA: _____

Interjeição

Vamos ler

> CADÊ O MALUQUINHO? — ESTÁ DE CAMA!
>
> QUER DIZER... ESTÁ NA CAMA!
>
> OBA! TÔ GRIPADO! NÃO VOU PRA ESCOLA! IUPIII!

Tirinha do dia 1º out. 2012. Disponível em: <www.omeninomaluquinho.com.br/PaginaTirinha/PaginaAnterior.asp?da=01102012>. Acesso em: maio 2015.

> **Interjeição** é a palavra invariável que exprime emoção, sensação, ordem, apelo, estado de espírito etc. Normalmente pode ser compreendida sozinha, sem o auxílio de nenhuma outra palavra ou frase.

Atividades

1 Circule as interjeições apresentadas na tirinha.

2 Relacione as colunas.

- a) silêncio
- b) estímulo
- c) desejo
- d) dor
- e) chamamento
- f) surpresa
- g) aplauso
- h) alegria
- i) afugentamento

- Ai! Ui!
- Ah! Viva! Oba! Iupi!
- Oh! Ah! Uau!
- Coragem! Eia! Upa!
- Psiu! Psit! Quieto!
- Xô! Fora! Passa!
- Oxalá! Tomara! Quem me dera!
- Olá! Alô! Ei!
- Bravo! Bem! Viva!

Língua Portuguesa

3 Sublinhe as interjeições e copie-as ao lado das frases.

a) Oi! Como vai? _____

b) Silêncio! Ele está dormindo. _____

c) Ah! Que bichinho mais fofo! _____

d) Não suporto mais! Basta! _____

e) Cruzes! Vamos embora daqui... _____

f) Upa! Upa! Vamos adiante. _____

4 Marque um **X** nas interjeições que expressam o que está indicado em cada item.

a) silêncio

☐ Viva!   ☐ Oh!   ☐ Psiu!

b) alegria

☐ Oba!   ☐ Alô?   ☐ Socorro!

c) dor

☐ Claro!   ☐ Ui!   ☐ Boa!

d) saudação

☐ Muito bem!   ☐ Cuidado!   ☐ Bom dia!

e) agradecimento

☐ Oi!   ☐ Obrigada!   ☐ Meu Deus!

f) advertência

☐ Atenção!   ☐ Que horror!   ☐ Claro!

5 Escreva frases com as interjeições a seguir.

Até Logo! – Cuidado! – Apoiado!

_____
_____
_____

Língua Portuguesa

NOME: _____ DATA: _____

Revisando as interjeições

Vamos ler

Festa das Interjeições

Existiram dores e emoções...
Na festa das interjeições!
O Ah! de alegria...
Dançou com harmonia!

O Oh! de espanto...
Se comportou como um santo!
O Ih! de pessimismo e medo,
Pensou que a cachaça era um brinquedo!

O Uh! que só gostava de valsa e cereja...
Vaiou o brigadeiro e a música sertaneja!
O Puxa! achou uma maravilha...
A doce torta de baunilha!

O Ai! teve um dedo pisado...
Num rock agitado!
O Opa! esbarrou no bolo...
E se misturou num rolo!

O Bis! com o jeito que sempre quis...
Pediu mais uma música feliz!
O Hip, Hip, Urra...
Levou uma surra!

Pois ele esbarrou no Ui! mal-humorado,
Que, por sorte, não estava armado!
O Poxa! ficou assustado...
E saiu da festa calado!

Existiram dores e emoções...
Na festa das interjeições.

<small>Luciana do Rocio Mallon. Disponível em: <www.usinadeletras.com.br/exibelotexto.php?cod=2300&cat=Infantil>. Acesso em: abr. 2015.</small>

Atividades

1 Copie as interjeições que aparecem no poema.

_____

_____

2 Circule as interjeições nas frases.

a) Psiu! O bebê está dormindo.

b) Que linda apresentação! Viva! Bis!

c) Ufa! A sacola estava muito pesada.

d) Fiz boa prova. Oxalá!

e) Cuidado, atravesse na faixa!

f) Ui! Acho que quebrei o dedo.

3 Escreva interjeições nas frases a seguir.

a) _____! A professora chegou.

b) _____! Foi um belo *show*.

c) _____! Que maravilha!

d) _____! Estou com dor de cabeça.

e) _____! Como você vai?

f) _____! Ela está doente.

g) _____! Fiquei muito feliz.

h) _____! Que susto!

4 Identifique e escreva o que cada interjeição expressa. Veja o exemplo.

> Psiu! A peça vai começar! – pedido de silêncio

a) Oba! Amanhã teremos festa! _____

b) Socorro! Um cão bravo! _____

c) Muito bem! Você fez uma boa prova! _____

d) Ai! Ui! Machuquei o joelho! _____

e) Oh! Quebrei o prato! _____

f) Vamos! Você consegue... Isso! _____

g) Atenção! Atravesse a rua com cuidado! _____

NOME: _____ DATA: _____

Revisão final

Vamos ler

Papai Noel

Papai Noel
eu sei que não tem.
Mas no Natal fico quietinho
esperando o meu presente.
O que é que tem?

Peço o presente antes,
muito antes do Natal.

Quando o ano começa,
já fico namorando o presente
em toda loja que passo.
Só que não tem graça
presente na loja.
A gente olha de graça,
mas não é da gente,
é do dono da loja.

Mas, de repente,
o Natal chega
e o presente fica diferente,
fica todo encantado.
Não sei bem
o que presente tem,
mas tira o sono da gente.

Acho que é uma saudade,
um sonho antigo
e a fantasia com Papai Noel
que fazem o presente mais presente
e só da gente.

Elias José. In: Maristela Petrili de Almeida Leite (Coord.). *Palavras de encantamento: antologia de poetas brasileiros*. São Paulo: Moderna, 2001. p. 39.

Atividades

1 Copie do poema:
   a) um nome próprio;

   b) dois verbos.

Língua Portuguesa

2 Sublinhe os pronomes do caso reto e circule os pronomes do caso oblíquo. Depois, reescreva as frases.

a) Eles vão ao jogo de vôlei comigo.

_____

b) Ela comprou um vestido para mim.

_____

c) Nós ainda vamos lhe ensinar a escrever.

_____

3 Complete as frases com os verbos em destaque conjugados nos tempos indicados.

amar – presente

a) Eu _____ todas as pessoas de minha família.

b) Nós _____ colher as frutas maduras no pomar.

c) Meus avós _____ jogar paciência no computador.

d) Ele _____ pescar no rio.

bater – pretérito

e) Eu _____ com minha bicicleta na cerca.

f) Ela _____ meia dúzia de ovos para o bolo.

g) Os professores _____ palmas para os alunos.

h) Nós _____ suco de laranja com açúcar no liquidificador.

dividir – futuro

i) Eu _____ meu lanche com um amigo.

j) Elas _____ o prêmio com o grupo.

k) Tu _____ a mesada com tua irmã.

l) Nós _____ os convites para a festa.

NOME: _____ DATA: _____

Números naturais

Utilizamos os números naturais (0, 1, 2, 3, 4, 5, 6, 7, 8, 9...) em muitas situações do dia a dia. Combinando esses algarismos podemos escrever qualquer número. Números dão ideia de quantidade.

Nossa, que difícil!

Claro, são 500 peças para montar.

Atividade

1) Responda às questões a seguir.

a) Quantas peças tem o quebra-cabeça da cena?

_____

b) Quantos algarismos tem esse número? Escreva-os.

_____

_____

Os números são muito importantes, pois, com eles, podemos contar, medir, ordenar, somar, marcar etc. Os números fazem parte de nossa vida.

Matemática 131

2 Preencha esta ficha com seus dados pessoais.

Nome completo: _____
Data de nascimento: _____
Idade: _____
Massa ("peso"): _____
Altura: _____
Número do calçado: _____
Quantidade de pessoas que moram com você: _____
Quantidade de irmãos: _____
Número de seu telefone: _____
Quantidade de professores que você tem na escola: _____

3 Para preencher a maior parte das informações pedidas acima, que recurso você utilizou?

_____

4 Quantos brinquedos você consegue contar na figura a seguir? Escreva no quadro o número correspondente.

132 **Matemática**

NOME: _____ DATA: _____

Sistema de numeração decimal
Vamos ler

Contando de um a dez

Eu não havia nascido,
Meu coração já batia.
Mamãe contava, eu ouvia.
Mês a mês,
Um, dois, três,
Quatro, cinco, seis,
Sete, oito, nove!

Acho que não entendia.
Mas agora, bem crescido,
Chegou a vez. Eu convido:

Vamos cantar de um a dez?
[...]

UM! DOIS! TRÊS! QUATRO...

Nílson José Machado. *Contando de um a dez*. São Paulo: Scipione, 2003. p. 3.

No sistema de numeração decimal agrupamos os números de 10 em 10.

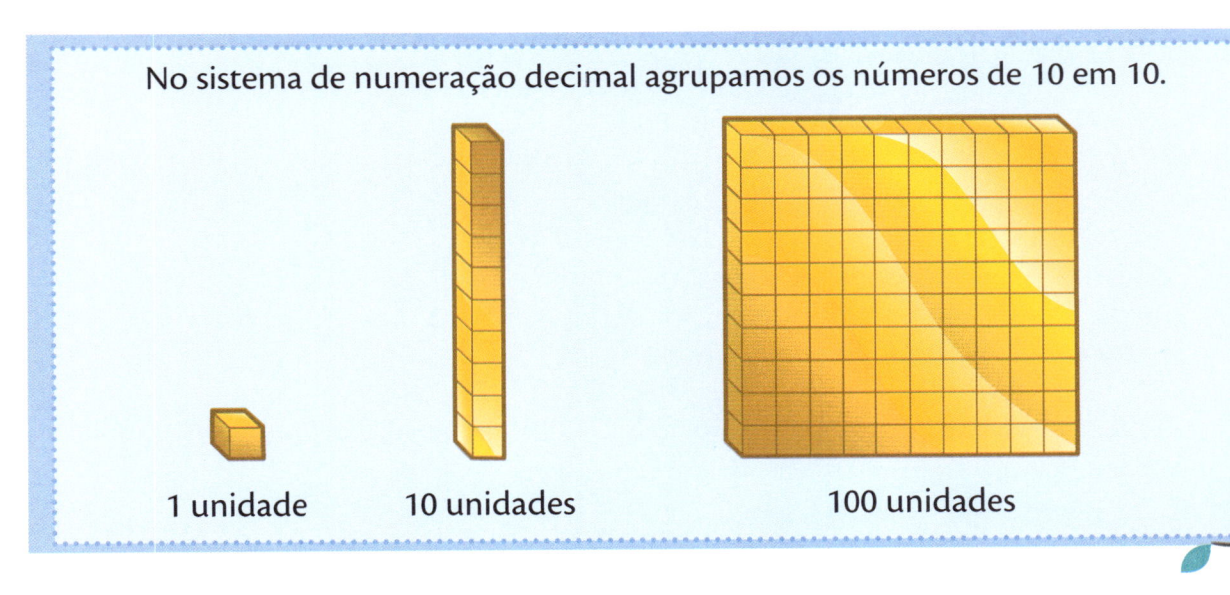

1 unidade   10 unidades   100 unidades

Atividades

1 Escreva a quantidade representada pelo Material Dourado.

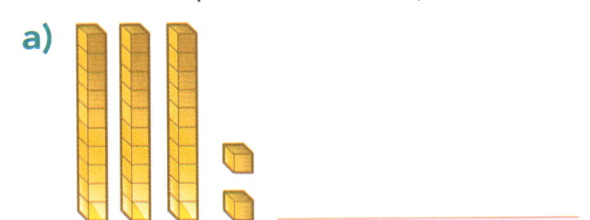

a)   b)

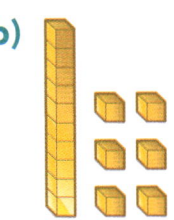

Matemática 133

c) _____

d) _____

e) _____

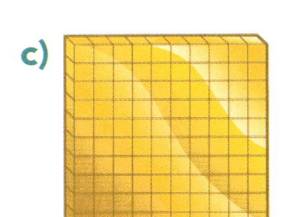

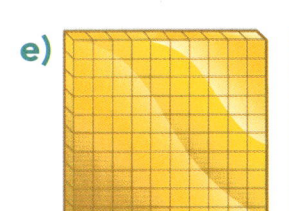

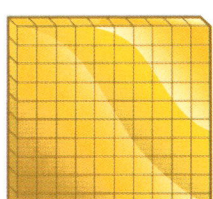

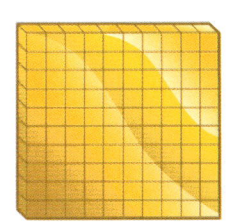

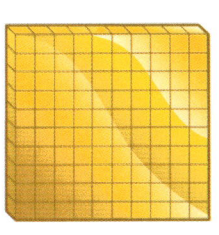

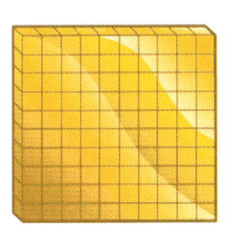

2 Complete as sequências com os antecessores e os sucessores dos números indicados.

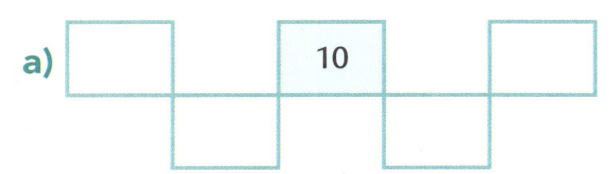

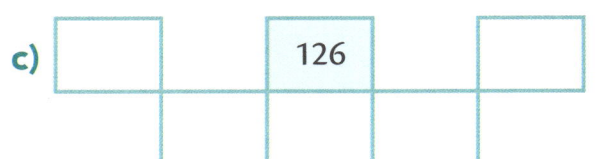

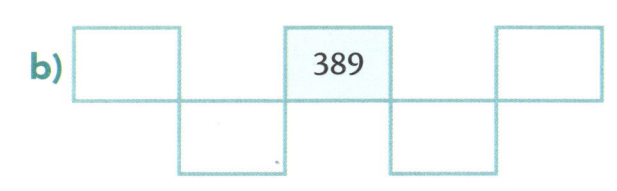

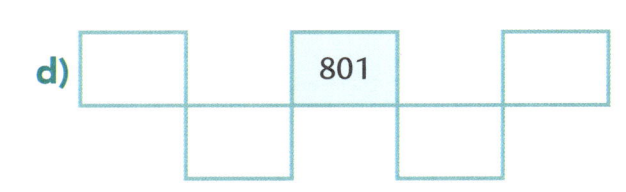

a) [ ] 10 [ ] [ ]

c) [ ] 126 [ ] [ ]

b) [ ] 389 [ ] [ ]

d) [ ] 801 [ ] [ ]

3 Componha os números a seguir. Veja o exemplo.

a) 1 centena + 1 dezena   110

b) 2 centenas + 5 dezenas + 3 unidades   _____

c) 4 centenas + 8 unidades   _____

d) 5 centenas + 9 dezenas + 6 unidades   _____

e) 9 centenas + 6 dezenas   _____

4 Escreva os números por extenso:

a) 10 _____

b) 56 _____

c) 75 _____

d) 102 _____

e) 324 _____

f) 839 _____

NOME: _____ DATA: _____

Um pouco mais sobre sistema de numeração decimal

Vamos ler

A 23ª edição da Bienal Internacional do Livro de São Paulo terminou neste domingo com público menor — 720 000 pessoas neste ano, contra 750 000 em 2012, quando a feira atingiu público recorde —, mas com crescimento financeiro. Em dez dias de evento, a movimentação de negócios, dividida entre 300 expositores do Brasil e de países como França, Índia, China, Japão e Angola, foi algo entre 30 a 40% maior do que na edição anterior. O crescimento reflete o bom momento do mercado editorial do Brasil [...].

Disponível em: <http://veja.abril.com.br/blog/meus-livros/tag/bienal-do-livro-de-sao-paulo>. Acesso em: maio 2015.

2ª Classe			1ª Classe		
Milhares			Unidade simples		
6ª ordem	5ª ordem	4ª ordem	3ª ordem	2ª ordem	1ª ordem
CM	DM	UM	C	D	U
7	2	0	0	0	0

Setecentos e vinte mil.

Atividades

1 Organize os números:

a) em ordem crescente;
8456 — 3875 — 681 — 9937 — 2704 — 7362 — 4219 — 6745 — 1193 — 5681

b) em ordem decrescente.
3000 — 9000 — 1000 — 6000 — 4000 — 8000 — 2000 — 7000 — 5000

2 Resolva as adições e ligue-as ao resultado correto.

a) 2 000 + 300 + 50
b) 900 + 700 + 60 + 3
c) 500 + 80 + 10 + 7
d) 1 000 + 200 + 90 + 9

- 597
- 1 299
- 2 350
- 1 663

3 Descubra a regra de cada sequência e complete-a.

a)	10		12			15	
b)	20	23			32	35	
c)	40		50				
d)	100			130			

4 Ligue os pontos na ordem crescente dos números 1 050 a 1 100.

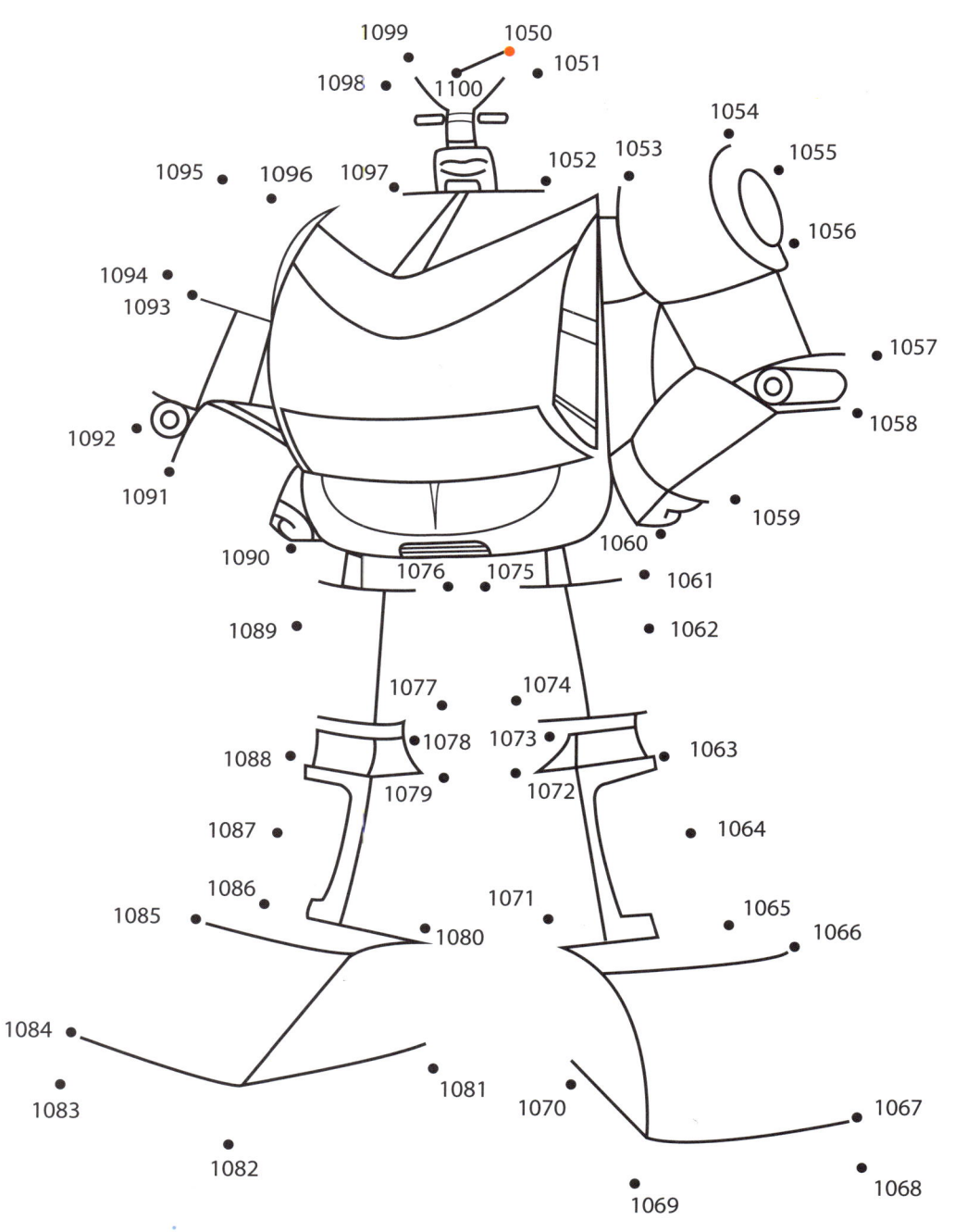

NOME: _____ DATA: _____

Números pares e números ímpares

Os números 0, 2, 4, 6 e 8 e os números terminados com eles são **pares**.
Os números 1, 3, 5, 7 e 9 e os números terminados com eles são **ímpares**.

Atividades

1 Observe a cena, circule quem iniciará o jogo e, depois, marque um **X** na opção correta.

Par!
Ímpar!

a) ☐ Ganhou quem escolheu par.

b) ☐ Ganhou quem escolheu ímpar.

2 Descubra a regra da sequência a seguir e complete-a com números pares.

| 24 | 22 | | | | | | | |

| | | | | |

- Os números estão organizados em ordem _____.

Matemática 137

3 Um fabricante de brinquedos fez o seguinte quadro para organizar sua produção. Observe-o e, depois, responda às questões.

Brinquedo	Fabricados	Vendidos	Estoque
	280	51	229
	311	99	212
	371	120	251
	155	77	78

a) Qual é o maior número que aparece no quadro?

b) Esse número é par ou ímpar?

c) Escreva o menor número par que aparece no quadro.

d) Escreva o maior número par encontrado no quadro.

e) Dos números que aparecem no quadro, escreva quatro números ímpares.

Matemática

NOME: _____ DATA: _____

Números romanos

Vamos ler

A civilização romana foi sem dúvida a mais importante entre as civilizações antigas. Assim como outros povos, a necessidade de contar seus bens, como ovelhas, plantações, soldados, fez com que os romanos tivessem necessidade de criar seu próprio sistema numérico. Só que os romanos foram muito espertos: ao invés de inventar outros símbolos, os romanos usaram as letras de seu alfabeto para representar os números. [...]

Disponível em: <www.smartkids.com.br/especiais/numeros-romanos.html>. Acesso em: maio 2015.

O sistema de numeração romano é representado por sete letras do alfabeto:

I = 1   V = 5   X = 10   L = 50   C = 100   D = 500   M = 1 000

Veja algumas regras para a composição dos números:
- Os símbolos I, X, C, M podem ser repetidos até três vezes seguidamente. Já os números V, L, D não se repetem.
- Se um símbolo romano de menor valor for escrito à direita de outro de maior valor, isso indica uma adição entre eles.
- Se um símbolo romano de menor valor for escrito à esquerda de outro de maior valor, isso indica uma subtração entre eles.

Atividades

1 Faça a correspondência entre os números arábicos e os números romanos.

1   2   3   4   5   6   7   8   9   10

IV   III   I   VI   II   X   VIII   VII   V   IX

Matemática

2 Utilizando os números romanos apresentados a seguir, complete as frases.

I   II   VI   XV

a) O Brasil foi descoberto no século _____.

b) Dom João _____ foi um rei português que morou no Brasil.

c) A independência do Brasil foi proclamada por Dom Pedro _____.

d) Dom Pedro _____ foi o segundo imperador do Brasil.

3 No quadro em destaque, escreva o século em que estamos e complete as linhas com o número antecessor e o sucessor dele.

_____   ☐   _____

4 Escreva estes números em algarismos romanos.

a) 100 _____   d) 200 _____   g) 300 _____

b) 400 _____   e) 500 _____   h) 600 _____

c) 700 _____   f) 800 _____   i) 900 _____

5 Faça a correspondência entre as colunas.

a) 118

b) 235

c) 604

d) 852

e) 397

☐ DCCCLII

☐ CCCXCVII

☐ CXVIII

☐ DCIV

☐ CCXXXV

6 Escreva estes números por extenso.

a) C = _____

b) CCL = _____

c) CDLXV = _____

d) DLXXI = _____

e) CMX = _____

f) M = _____

g) MD = _____

140   **Matemática**

Números ordinais

Mauricio de Sousa. *Saiba mais com a turma da Mônica sobre Automobilismo*, São Paulo: Panini, n. 74, p. 34, 2013.

> Os números ordinais indicam ordem, posição, lugar.

Atividades

1 Veja o resultado de um torneio de esportes entre algumas escolas do bairro e responda às questões.

Escola / Medalha	Ouro	Prata	Bronze	Total
Novo Saber	8	11	11	30
Tempo Feliz	6	10	8	23
Sonho Meu	4	12	8	24
Aprendizado	1	10	6	17

Resultado do torneio interescolar

a) Que escola ficou em 1º lugar no total de medalhas?

_____

b) Que escola ficou em último lugar? Em que lugar ela ficou?

_____

c) Em relação à medalha de prata, que escola ficou em 1º lugar?

_____

Matemática 141

2 Escreva em números ordinais:

a) mês atual: _____

b) mês em que se comemora o Natal: _____

3 Faça a correspondência entre as colunas ligando-as com traços.

a) 81º ●   ● trigésimo oitavo

b) 95º ●   ● septuagésimo sexto

c) 24º ●   ● quadragésimo terceiro

d) 38º ●   ● octogésimo primeiro

e) 43º ●   ● sexagésimo segundo

f) 59º ●   ● nonagésimo quinto

g) 62º ●   ● vigésimo quarto

h) 76º ●   ● quinquagésimo nono

4 Encontre no diagrama o nome dos números ordinais a seguir.

100º   200º   300º   400º   500º
600º   700º   800º   900º   1 000º

L	S	E	P	T	I	G	E	N	T	É	S	I	M	O	D	P	V	E	S	H
L	V	B	I	L	I	L	E	I	J	D	G	N	P	Q	U	X	M	N	I	G
U	C	E	N	T	É	S	I	M	O	Z	X	N	I	O	C	W	I	P	O	D
H	O	C	T	I	G	E	N	T	É	S	I	M	O	D	E	R	L	E	R	A
A	R	L	U	B	G	D	E	G	E	A	B	E	P	N	N	H	É	A	R	E
L	S	R	J	U	A	H	R	H	N	O	N	G	E	N	T	É	S	I	M	O
T	R	I	C	E	N	T	É	S	I	M	O	B	C	D	É	D	I	H	W	R
Z	Y	T	Q	U	A	D	R	I	N	G	E	N	T	É	S	I	M	O	K	U
E	C	E	E	A	W	Q	L	R	U	B	T	U	I	Q	I	F	O	U	T	A
O	D	N	A	X	S	E	X	C	E	N	T	É	S	I	M	O	X	B	E	F
E	M	D	Q	U	I	N	G	E	N	T	É	S	I	M	O	M	E	G	A	N

Matemática

NOME: _____ DATA: _____

3ª classe – os milhões

Vamos ler

População brasileira ultrapassa marca de 200 milhões, diz IBGE

O Brasil tem uma população estimada em 201 032 714 habitantes, de acordo com o Instituto Brasileiro de Geografia e Estatística (IBGE). O dado, referente a 1º de julho deste ano, foi publicado no "Diário Oficial da União" desta quinta-feira (29). [...]

Disponível em: <http://g1.globo.com/brasil/noticia/2013/08/populacao-brasileira-ultrapassa-marca-de-200-milhoes-diz-ibge.html>. Acesso em: abr. 2015.

3ª Classe			2ª Classe			1ª Classe		
Milhões			Milhares			Unidade simples		
9ª ordem	8ª ordem	7ª ordem	6ª ordem	5ª ordem	4ª ordem	3ª ordem	2ª ordem	1ª ordem
C	D	U	C	D	U	C	D	U
2	0	1	0	3	2	7	1	4

Atividades

1 Marque um **X** na opção em que o número acima está corretamente escrito por extenso.

a) ☐ Duzentos e um, trinta e dois mil setecentos e catorze.

b) ☐ Duzentos e um milhões, trinta e dois mil setecentos e catorze.

2 Ainda sobre o número acima, escreva:

a) o número de ordens;

_____

b) o número de classes;

_____

c) o nome das classes;

_____

d) o algarismo que ocupa a unidade de milhões, ou seja, a 7ª ordem.

_____

Matemática

3 Escreva o sucessor de cada número.

a) 82 049 _____

b) 36 535 _____

c) 7 899 _____

d) 18 122 _____

e) 10 437 _____

f) 3 017 _____

4 Complete.

3 2 3 9 5 4

→ 1ª ordem: _____ unidades

→ 2ª ordem: _____ unidades = _____ dezenas

→ 3ª ordem: _____ unidades = _____ centenas

→ 4ª ordem: _____ unidades = _____ unidades de milhar

→ 5ª ordem: _____ unidades = _____ dezenas de milhar

→ 6ª ordem: _____ unidades = _____ centenas de milhar

5 Escreva os números usando algarismos.

a) Quinze mil quinhentos e vinte e dois. _____

b) Dez mil duzentos e sessenta. _____

c) Nove mil seiscentos e quarenta e nove. _____

d) Vinte e cinco mil. _____

e) Mil novecentos e noventa e nove. _____

6 Decomponha os números e escreva-os por extenso. Observe o exemplo.

a) 8 462 971 = 8 000 000 + 400 000 + 60 000 + 2 000 + 900 + 70 + 1

Oito milhões, quatrocentos e sessenta e dois mil novecentos e setenta e um.

b) 5 307 504 = _____

_____

c) 7 750 100 = _____

_____

d) 1 096 210 = _____

_____

Matemática

NOME: _____ DATA: _____

Valor absoluto e valor relativo

Um algarismo pode representar dois valores em um número: o valor relativo (ou posicional) e o valor absoluto.
Valor relativo é o valor que o algarismo ocupa no número.
Valor absoluto é o valor real independentemente da posição que ocupa.

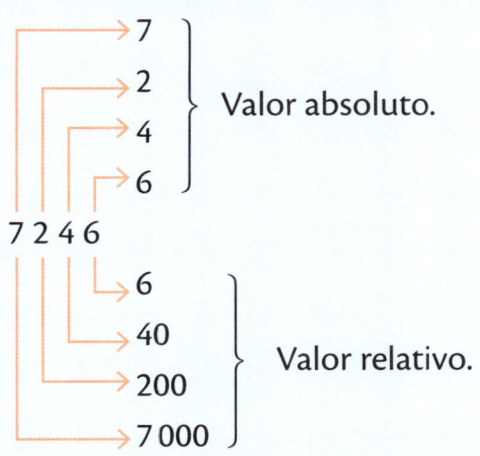

7 2 4 6

- 7
- 2
- 4
- 6 } Valor absoluto.

- 6
- 40
- 200
- 7 000 } Valor relativo.

Atividades

1 Sobre o número 72 361, responda:

a) Como escrevemos esse número por extenso?

_____

b) Qual é o maior algarismo absoluto? _____

c) Qual é o valor relativo desse número? _____

d) Qual é o menor algarismo relativo? _____

2 Escreva o valor relativo do algarismo 5 nos números abaixo. Depois, escreva-o por extenso.

a) 2 561 = _____

b) 10 405 = _____

c) 15 999 = _____

d) 56 743 = _____

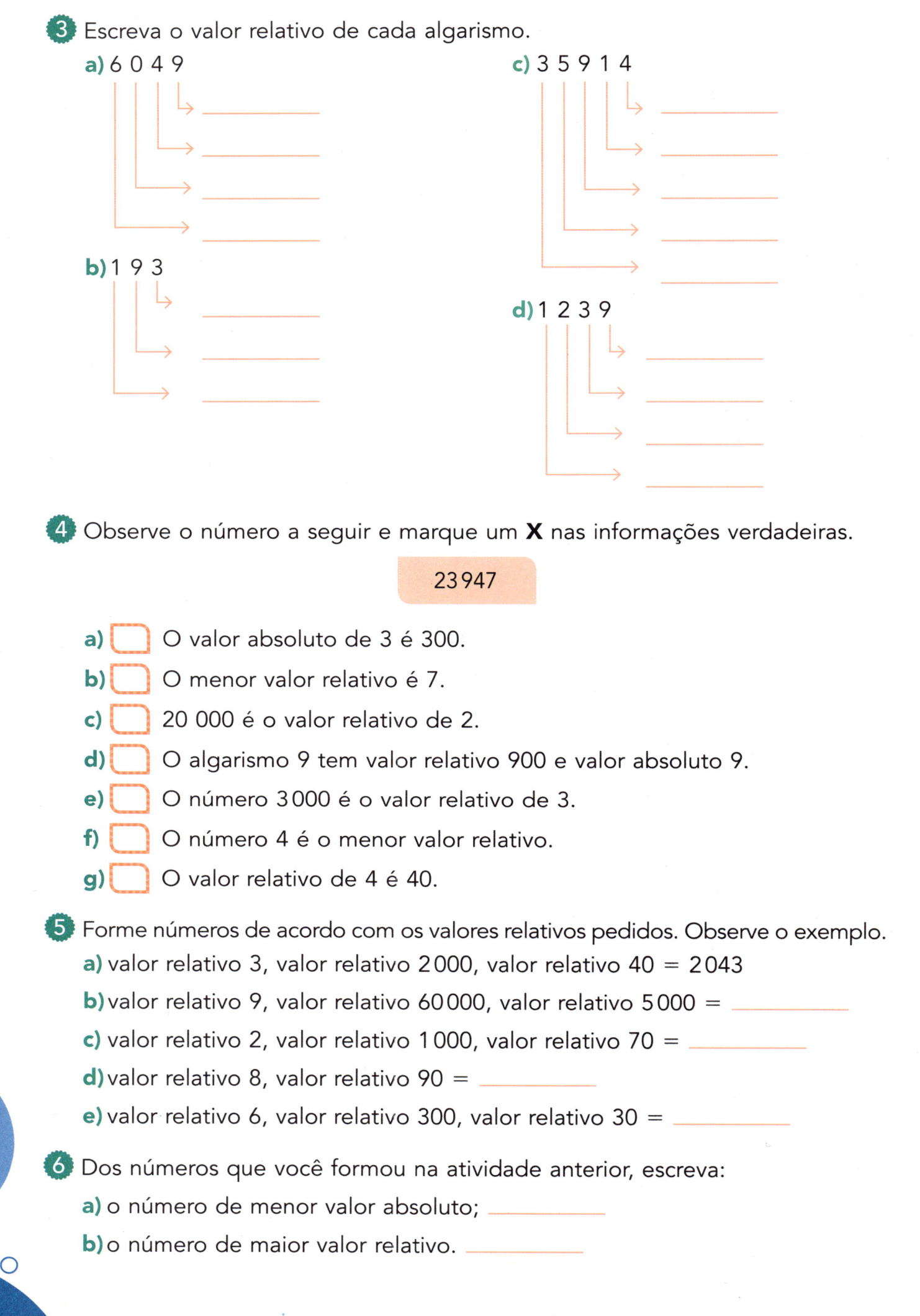

3 Escreva o valor relativo de cada algarismo.

a) 6 0 4 9
→ _____
→ _____
→ _____
→ _____

b) 1 9 3
→ _____
→ _____
→ _____

c) 3 5 9 1 4
→ _____
→ _____
→ _____
→ _____
→ _____

d) 1 2 3 9
→ _____
→ _____
→ _____
→ _____

4 Observe o número a seguir e marque um **X** nas informações verdadeiras.

23 947

a) ☐ O valor absoluto de 3 é 300.
b) ☐ O menor valor relativo é 7.
c) ☐ 20 000 é o valor relativo de 2.
d) ☐ O algarismo 9 tem valor relativo 900 e valor absoluto 9.
e) ☐ O número 3 000 é o valor relativo de 3.
f) ☐ O número 4 é o menor valor relativo.
g) ☐ O valor relativo de 4 é 40.

5 Forme números de acordo com os valores relativos pedidos. Observe o exemplo.

a) valor relativo 3, valor relativo 2 000, valor relativo 40 = 2 043

b) valor relativo 9, valor relativo 60 000, valor relativo 5 000 = _____

c) valor relativo 2, valor relativo 1 000, valor relativo 70 = _____

d) valor relativo 8, valor relativo 90 = _____

e) valor relativo 6, valor relativo 300, valor relativo 30 = _____

6 Dos números que você formou na atividade anterior, escreva:

a) o número de menor valor absoluto; _____

b) o número de maior valor relativo. _____

Matemática

NOME: _____ DATA: _____

Adição de números naturais

Adição é a operação que junta, reúne ou acrescenta uma quantidade a outra. Os números somados chamam-se parcelas, e o resultado chama-se soma ou total. O sinal utilizado é o + (mais). Observe:

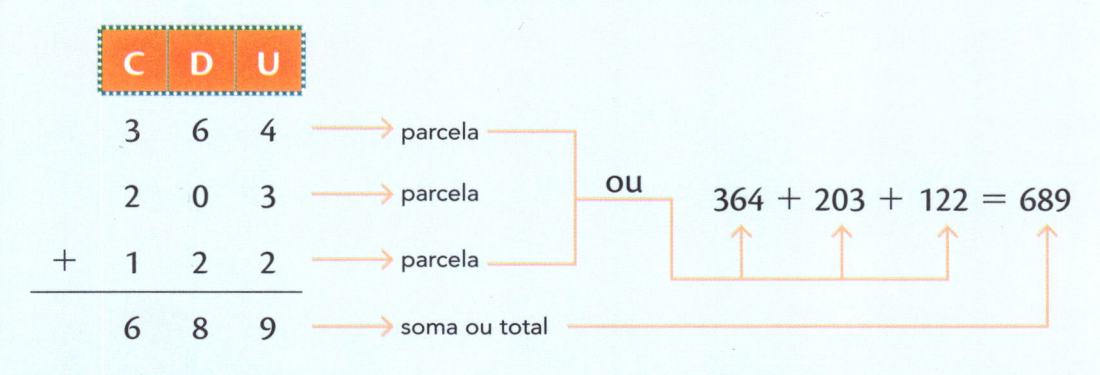

C	D	U
3	6	4	→ parcela
2	0	3	→ parcela
+ 1	2	2	→ parcela
6	8	9	→ soma ou total

ou

$364 + 203 + 122 = 689$

Vamos ler

Meu aquário

No aquário que comprei,
há 2 peixes vermelhinhos,
um laranja que é o rei,
e mais 9 amarelinhos.
Ao todo, nadando juntos,
quantos são os peixinhos?

Renata Bueno. *Poemas problemas*.
São Paulo: Editora do Brasil, 2011. p. 5.

Atividades

1 Efetue as adições.

a)
C	D	U
	3	6	4
+		3	1

b)
C	D	U
3	5	1
3	2	6
+		2	1

c)
UM	C	D	U
1	4	5	2
3	2	1	3
+		3	2	0

Matemática 147

2 Resolva as situações-problema.

a) Em um cruzeiro pelo Nordeste, o navio partiu do porto de Natal com 273 passageiros. Em Maceió subiram mais 326 passageiros e em Salvador mais 198. Quantos passageiros estão no navio?

Resposta: _____

b) Uma fábrica produziu, para a Páscoa, 3 152 ovos de chocolate branco, 2 691 ovos de chocolate ao leite e 1 236 ovos de chocolate meio amargo. Quantos ovos de Páscoa a fábrica produziu ao todo?

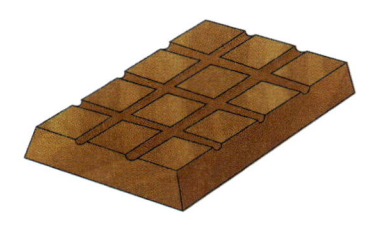

Resposta: _____

c) O Circo Alegria abriu três sessões no domingo. Na apresentação matinal foram vendidos 104 bilhetes; na sessão da tarde foram vendidos 225 bilhetes e na sessão da noite foram vendidos 143 bilhetes. Quantos bilhetes foram vendidos no domingo?

Resposta: _____

d) Para fazer o paisagismo de alguns bairros, a prefeitura de Boa Nova já plantou 168 mudas de coqueiros, 209 de espirradeiras e 72 de ipês de jardim. Quantas mudas já foram plantadas?

Resposta: _____

NOME: _____ DATA: _____

Propriedades da adição

Comutativa: trocando as ordens das parcelas, a soma não se altera. Veja:

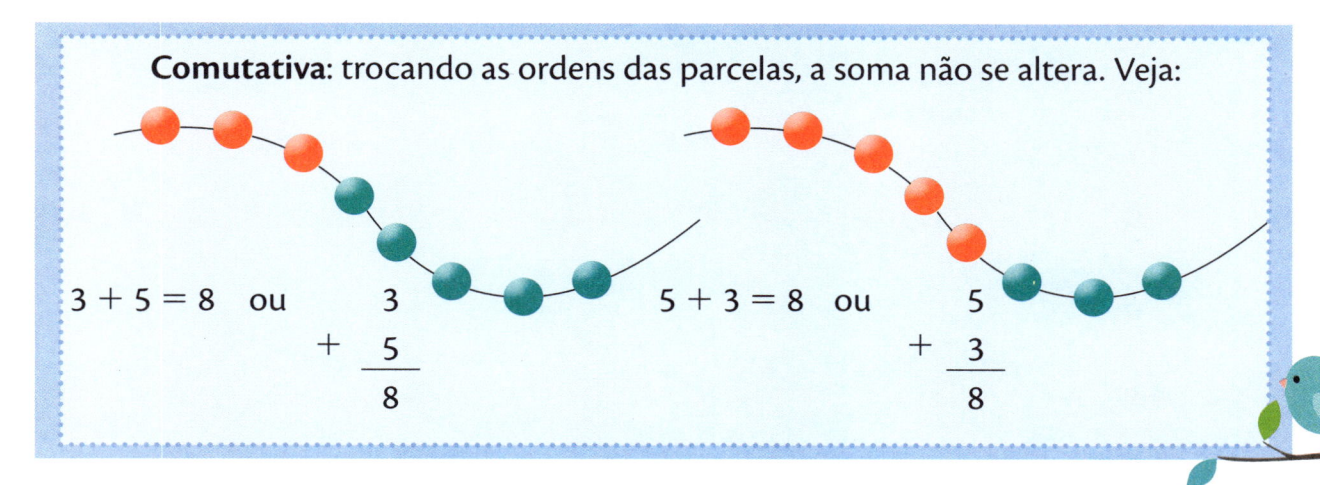

3 + 5 = 8   ou   3
                + 5
                ―――
                  8

5 + 3 = 8   ou   5
                + 3
                ―――
                  8

Atividades

1 Aplique a propriedade comutativa ao resolver as operações.

a) 6 + 9 = _____ ou _____ = _____

b) 3 + 4 + 6 = _____ ou _____ = _____

2 Calcule a operação e, ao lado, aplique a propriedade comutativa.

a)
```
    3  4  5
+   1  4  2
―――――――――――
```

b)
```
    4  1  2
    2  6  4
+   3  1  2
―――――――――――
```

3 Resolva a situação-problema.

- Rogério colheu 22 mangas e 36 laranjas. Ricardo colheu 36 mangas e 22 laranjas. Quantas frutas cada um colheu?

Resposta: _____

Matemática 149

> **Associativa**: em uma adição de três parcelas ou mais, podem-se associar (juntar) as parcelas de formas diferentes que o resultado não se altera. Veja:
>
> 24 + 12 + 23   24 + 12 + 23
>
> ou
>
> 36 + 23 = 59   24 + 35 = 59

4 Resolva as adições.

a) 324 + 231 + 243

_____ + 243 = _____

b) 310 + 203 + 595

_____ + 595 = _____

c) 403 + 132 + 275

403 + _____ = _____

d) 7 333 + 2 071 + 198

7 333 + _____ = _____

5 Leia o problema e resolva-o usando a propriedade associativa da adição.

- Para fazer uma viagem com a escola, Júlia recorreu às suas economias. Retirou 58 reais do cofrinho, 232 reais da poupança e 150 reais de sua mesada. Quantos reais Júlia conseguiu?

Resposta: _____

> **Elemento neutro**: na adição, o número zero é neutro, ou seja, somando qualquer número a zero, o resultado é o próprio número. Veja:
> 232 + 0 = 232

6 Aplique as propriedades da adição:

a) 2 361 + 3 103 + 2 941 = _____   ou   2 941 + 2 361 + 3 103 = _____

b) 5 200 + (1 346 + 639) = _____   ou   (5 200 + 1 346) + 639 = _____

c) 5 654 + 0 = _____

150 Matemática

NOME: _____ DATA: _____

Subtração de números naturais

Subtração é a operação que diminui, tira uma quantidade de outra ou compara duas quantidades para determinar a diferença entre elas.
Os termos da subtração são minuendo, subtraendo e resto ou diferença. O sinal utilizado é o — (menos). Observe:

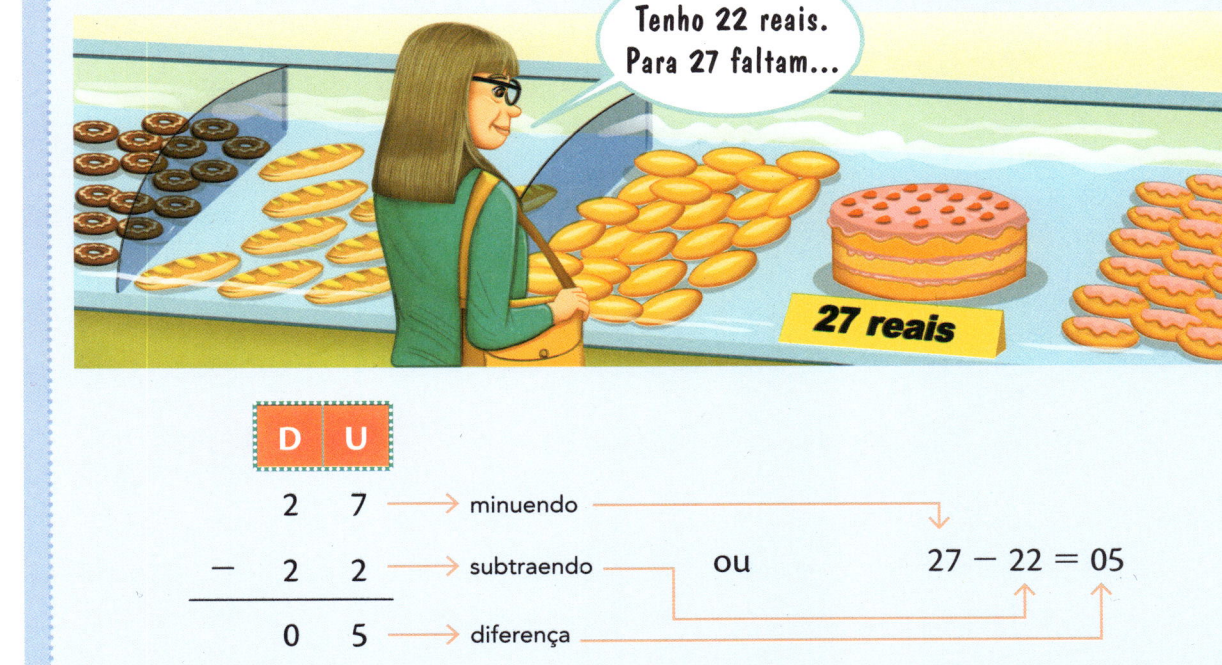

Tenho 22 reais. Para 27 faltam...

27 reais

D	U	
2	7	→ minuendo
− 2	2	→ subtraendo
0	5	→ diferença

ou

$27 - 22 = 05$

Atividades

1) Resolva as subtrações a seguir.

a)
D	U
8	2
− 5	1

b)
C	D	U
3	9	6
− 1	4	3

c)
UM	C	D	U
3	5	7	3
−	2	6	3

2) Organize a operação de acordo com os termos dados, efetue-a e escreva o nome do termo que falta.

Minuendo = 989   Subtraendo = 546

Matemática 151

3 Para a formatura do 5º ano, foi organizada uma festa com várias barracas. Resolva as situações-problema a seguir.

a) Na barraca de salgados havia 679 unidades. Foram vendidas 636. Quantos salgados sobraram?

Resposta: _____

b) A barraca de maçã do amor foi um sucesso! Havia 587 maçãs. Foram vendidas 585. Quantas maçãs do amor restaram?

Resposta: _____

c) Na barraca de cachorro-quente havia 125 unidades. Foram vendidas 111. Quantos cachorros-quentes sobraram?

Resposta: _____

d) Na barraca de brigadeiros havia 583 brigadeiros. Foram vendidos 562. Quantos brigadeiros restaram?

Resposta: _____

NOME: _____ DATA: _____

Verificando a adição e a subtração

Para verificar o resultado de uma adição usa-se a subtração.
Para verificar o resultado de uma subtração usa-se a adição.
Observe:

A peça do final do ano será apresentada no teatro da escola. Já foram vendidos 358 ingressos. Ainda faltam vender 116 das 474 cadeiras do teatro.

C	D	U
4	⁶7̸	¹4
− 3	5	8
1	1	6

C	D	U
3	¹5	8
+ 1	1	6
4	7	4

ou

C	D	U
1	¹1	6
+ 3	5	8
4	7	4

Atividades

1 Resolva as adições e verifique-as usando a subtração.

a)
```
   3 4 6      Prova real
+  3 7 2
_____
```

b)
```
   5 0 8      Prova real
+  3 6 7
_____
```

2 Resolva as subtrações e verifique-as usando a adição.

a)
```
   6 3 8 5    Prova real
−  3 2 5 1
_____
```

b)
```
   3 9 6 3    Prova real
−  1 6 1 1
_____
```

Matemática 153

3 Resolva os problemas e faça a verificação.

a) O gráfico mostra o número de pessoas que visitaram o planetário no 1º trimestre do ano.

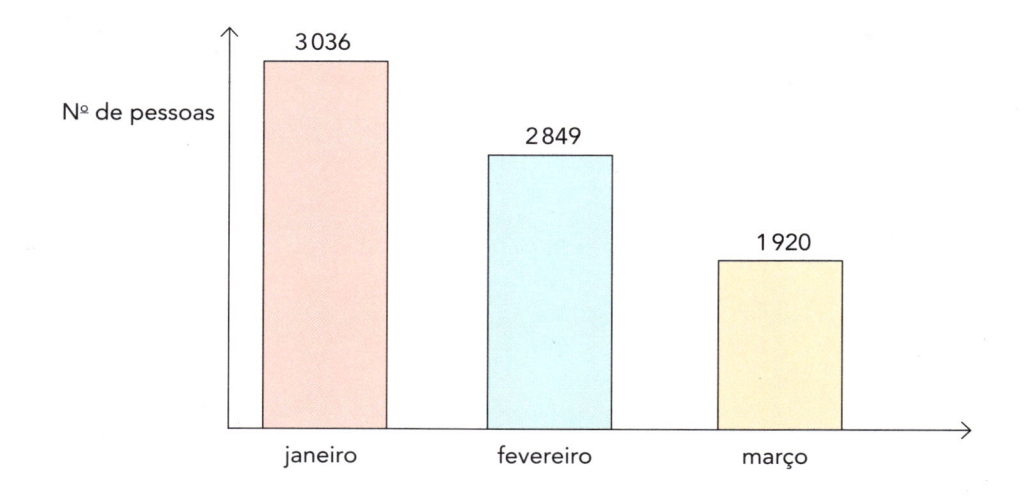

Nº de pessoas
- janeiro: 3 036
- fevereiro: 2 849
- março: 1 920

- Quantas pessoas visitaram o planetário no 1º trimestre?

Resposta: _____

b) Um carteiro recebeu 2 387 correspondências para entregar. No final do dia, devolveu à agência 212. Quantas correspondências ele entregou?

Resposta: _____

c) Joaquim ganhou o campeonato de futebol de botão com 892 pontos. O segundo lugar ficou com 651 pontos. Qual é a diferença de pontos entre o campeão e o vice-campeão?

Resposta: _____

Matemática

Expressões numéricas com adição e subtração

Expressões numéricas são sequências de operações.
Nas expressões que apresentam apenas adições e subtrações, estas são efetuadas na ordem em que aparecem. Havendo operações dentro de parênteses, elas deverão ser efetuadas primeiro.

Fizemos cinco castelos!

Xi! Derrubei dois!

$5 - 2 + 1 =$
$3 + 1 =$
4

Fiz mais um!

Atividades

1 Calcule as expressões.

a) $10 + 5 + 3 - 6 =$

b) $6 + 8 - 4 + 9 =$

c) $12 + (8 - 3) - 6 =$

d) $38 - 12 + 1 =$

e) $95 - 32 + 24 - 6 =$

f) $32 - 10 + (10 - 5) =$

Matemática

2 Calcule.

a) 30 + (50 + 60) − 30 =

b) 220 + (85 − 45) + (55 − 10) =

c) 1 100 − (300 + 500) =

d) 120 − (90 − 60) + 40 =

e) (280 + 80) − 300 + (80 − 50) =

f) 2 900 − (600 + 100) + 240 =

3 Transforme as situações-problema em expressões e resolva-as.

a) Em um jogo de cartas, Lucas fez 238 pontos na primeira rodada, ganhou mais 425 pontos na segunda rodada e perdeu 231 pontos na terceira rodada. Com quantos pontos Lucas terminou o jogo?

Resposta: _____

b) Um voo saiu de São Paulo com 98 passageiros e fez uma escala em Florianópolis, onde desceram 36 passageiros e subiram 12. Com quantos passageiros o voo seguiu viagem?

Resposta: _____

Matemática

NOME: _____ DATA: _____

Multiplicação de números naturais

Multiplicação é a operação que indica quantas vezes um número será repetido. É uma adição de parcelas iguais.
Os termos da multiplicação são: multiplicando, multiplicador (também chamados de fatores) e produto. O sinal da multiplicação é o × (vezes). Observe:

$3 \times 4 = 12$ ou 3 → multiplicando ⎤ fatores
 × 4 → multiplicador ⎦
 12 → produto

Atividades

1 Observe o exemplo e continue multiplicando.

a)
C	D	U
1	²2	6
×		3
3	7	8

b)
C	D	U
2	6	1
×		4

c)
UM	C	D	U
4	2	1	5
×			3

2 Calcule as multiplicações.

a) 3 × 7 = _____

b) 5 × 6 = _____

c) 2 × 9 = _____

d) 4 × 8 = _____

e) 1 × 1 = _____

f) 4 × 5 = _____

g) 3 × 8 = _____

h) 2 × 6 = _____

i) 5 × 9 = _____

j) 6 × 6 = _____

Matemática

3 Calcule as multiplicações e complete o diagrama.

			P				
5 × 8 =			R				
	2 × 4 =	O					
	6 × 3 =	D					
	2 × 2 =	U					
	5 × 6 =	T					
	3 × 3 =	O					
6 × 10 =		S					

4 Resolva as situações-problema.

a) Lúcia comprou uma bicicleta que pagará em 6 parcelas de 64 reais. Qual é o valor da bicicleta?

Resposta: _____

b) As crianças da rua foram fazer um acampamento. Foram 4 micro-ônibus com 12 passageiros em cada um. Quantas crianças foram para o acampamento?

Resposta: _____

158 **Matemática**

Multiplicação com mais de um algarismo no multiplicador

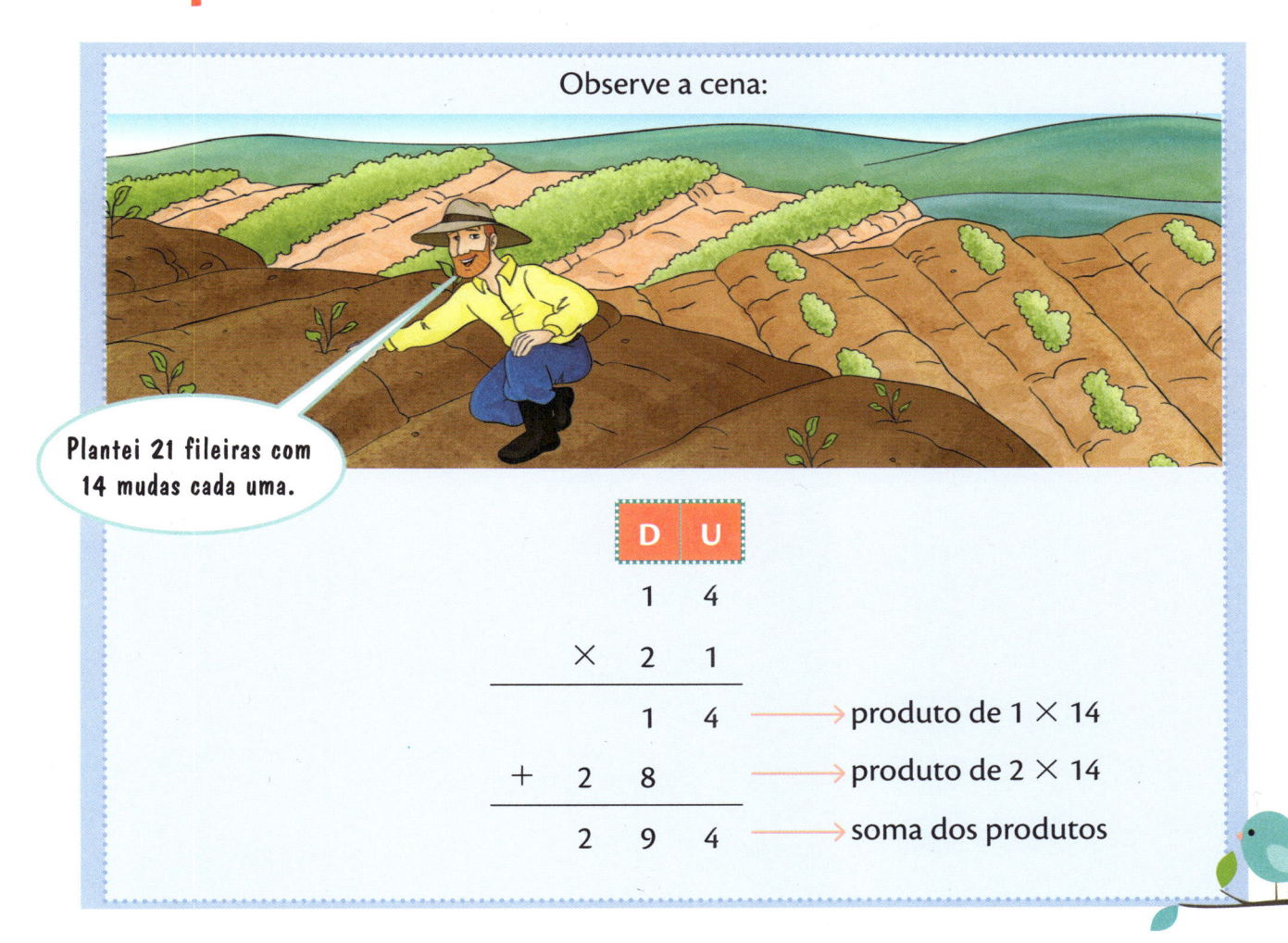

Observe a cena:

Plantei 21 fileiras com 14 mudas cada uma.

```
   D  U
   1  4
×  2  1
───────
   1  4   → produto de 1 × 14
+ 2  8    → produto de 2 × 14
───────
  2  9  4  → soma dos produtos
```

Atividades

1 Observe o exemplo e calcule as multiplicações.

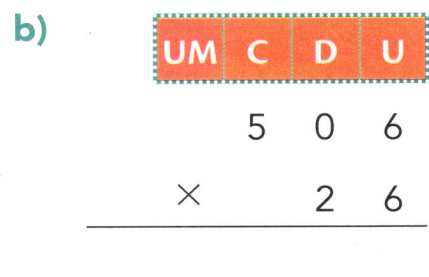

a)
```
UM  C  D  U
       1
    3  2  4
 ×     2  4
───────────
    1
 1  2  9  6
+   6  4  8
───────────
 7  7  7  6
```

b)
```
UM  C  D  U
    5  0  6
 ×     2  6
───────────
```

Matemática

c)

UM	C	D	U
3	5	0	6
×		1	3

d)

UM	C	D	U
7	2	5	4
×		3	2

> Ao multiplicar um número por 10, 100 ou 1 000, acrescenta-se 0, 00 ou 000, respectivamente, à direita do número.

2 Resolva as multiplicações a seguir.

a)

UM	C	D	U
	2	5	0
×		1	0

b)

DM	UM	C	D	U
		2	5	0
×		1	0	0

c)

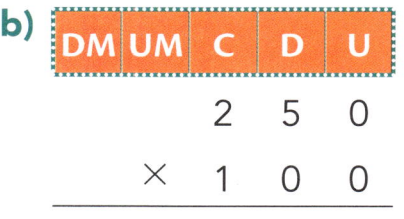

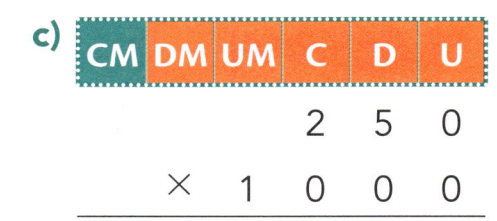

CM	DM	UM	C	D	U
			2	5	0
×		1	0	0	0

3 Resolva as situações-problema.

a) Ana separou 14 dúzias de ovos para vender na feira. Quantos ovos Ana separou?

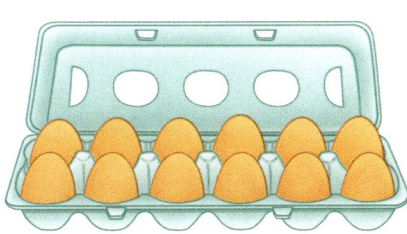

Resposta: _____

b) Os alunos do 4º ano irão ao cinema na próxima semana. Sabendo que o cinema tem 13 filas com 15 assentos em cada, quantos alunos cabem no cinema?

Resposta: _____

Matemática

Propriedades da multiplicação

Comutativa: a ordem dos fatores não altera o produto. Veja:
$2 \times 4 = 8$ ou $4 \times 2 = 8$
Associativa: em uma multiplicação de três fatores ou mais, podem-se associar os fatores de formas diferentes que o produto não se altera. Veja:
$2 \times 3 \times 2 = 12$ ou $(2 \times 3) \times 2 = 12$ ou $2 \times (3 \times 2) = 12$
Elemento neutro: na multiplicação, o número 1 é neutro, ou seja, multiplicando qualquer número por 1, o resultado é o próprio número. Veja:
$2 \times 1 = 2$

Atividades

1 Ligue o cálculo à propriedade aplicada.

a) $25 \times 1 = 25$

b) $3 \times (5 \times 4) = 60$

c) $5 \times 4 = 4 \times 5 = 20$

d) $(3 \times 5) \times 4 = 60$

comutativa

elemento neutro

associativa

2 Calcule.

a) $(3 \times 30) \times 2 =$

b) $248 \times 1 =$

c) $(3 \times 8) \times (5 \times 2) =$

d) $5 \times (4 \times 50) =$

e) $39 \times 1 =$

f) $(7 \times 100) \times (2 \times 1) =$

Matemática

3 Resolva as situações-problema aplicando a propriedade comutativa.

a) Eduardo tem 25 reais e sua irmã Emília tem 23 vezes essa quantia. Quantos reais Emília tem?

Resposta: _____

b) Rita e Lara estão lendo o mesmo livro. Lara leu 43 páginas e Rita leu 13 vezes essa quantidade. Quantas páginas Rita leu?

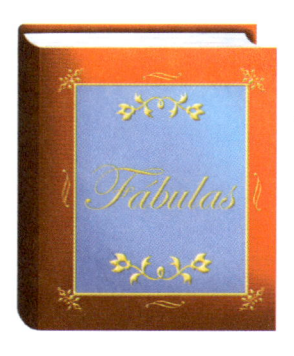

Resposta: _____

4 Resolva as situações-problema aplicando a propriedade associativa.

a) Igor tem 3 metros de tecido, mas precisará do triplo para fazer uma colcha. Em seguida, precisará de 6 vezes mais tecido para fazer a cortina. Quantos metros de tecido Igor precisará ao todo?

Resposta: _____

b) Antônia quer comprar um par de tênis. Ela tem 15 reais, porém o valor da entrada é o dobro dessa quantia e, para quitar o valor total, ela precisará do triplo do valor da entrada. Quanto custa o tênis que ela quer comprar?

Resposta: _____

NOME: _____ DATA: _____

Expressões numéricas com multiplicação, adição e subtração

Em operações desse tipo, primeiramente efetua-se a multiplicação e, em seguida, a adição ou a subtração, de acordo com a ordem em que aparecem na expressão.

Atividades

1 Calcule as expressões numéricas.

a) $3 + 4 \times 2 - 5 =$

b) $8 + 4 \times 5 - 9 =$

c) $9 - 5 + 3 \times 3 =$

d) $2 + 2 \times 6 - 3 \times 2 =$

Havendo uma operação entre parênteses na expressão numérica, tal operação deve ser efetuada primeiro. Veja:

$3 + (5 - 3) + 2 \times 6 =$
$= 3 + 2 + 2 \times 6 =$
$= 3 + 2 + 12 =$
$= 5 + 12 =$
$= 17$

$5 \times (2 \times 6 + 3) - 7 + 4 =$
$= 5 \times (12 + 3) - 7 + 4 =$
$= 5 \times 15 - 7 + 4 =$
$= 75 - 7 + 4 =$
$= 68 + 4 =$
$= 72$

Matemática

2 Calcule as expressões numéricas prestando atenção à operação entre parênteses.

a) (8 × 2 − 6) + 3 × 4 =

b) 9 − 5 + (2 × 6) − 10 =

c) 130 − 28 + (3 × 7) − 30 =

d) (3 × 6 + 2) − 9 + 5 =

e) 8 + 9 − (5 × 2) + 7 − 9 =

f) 9 × 4 − (20 − 5) + 60 =

3 Resolva as situações-problema.

a) Dona Júlia fez 120 docinhos e o triplo de salgados, mas só vendeu 320 unidades do total. Quantas unidades sobraram?

Resposta: _____

b) Na granja havia 473 frangos. Foram vendidos 158 e nasceram 52 pintinhos. Quantas aves há na granja agora?

Resposta: _____

164 **Matemática**

Divisão de números naturais

Divisão é a operação que reparte, divide uma quantidade em partes iguais.
Os termos da divisão são: dividendo, divisor, quociente e resto.
O sinal da divisão é o ÷.

Tenho 96 lápis para dividir entre vocês.

Processo longo

D	U

```
dividendo →   9  6 | 8      → divisor
            - 8     12      → quociente
            ─────
              1  6
            - 1  6
            ─────
              0  0  → resto
```

Processo breve

D	U

```
9  6 | 8
1  6   12
   0
```

Divisão exata é aquela em que o resto é igual a zero. A divisão é feita igualmente e sem sobras.

Atividades

1 Resolva as divisões utilizando o processo longo.

a) 4 8 | 2

b) 3 7 5 | 3

c) 5 6 8 | 4

Matemática 165

Divisão não exata é aquela em que o resto é diferente de zero. A divisão é feita igualmente, porém há sobras. Veja:

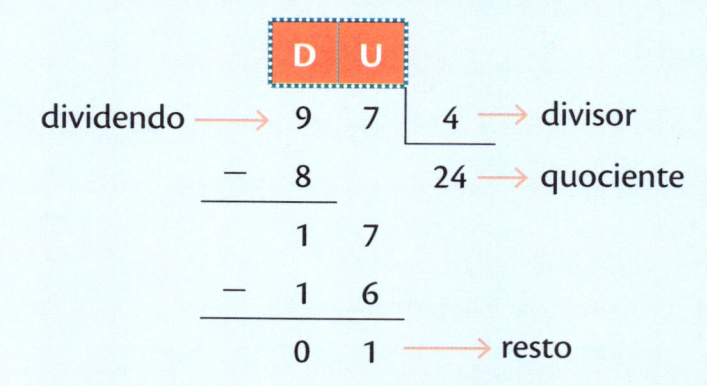

	D	U	
dividendo →	9	7	4 → divisor
	− 8		24 → quociente
	1	7	
	− 1	6	
	0	1	→ resto

2 Calcule as divisões utilizando o processo longo.

a) 2 4 7 | 3

b) 6 7 3 9 | 4

3 Resolva as situações-problema.

a) Marta tem uma coleção com 1 648 papéis de carta e quer dividi-la com suas quatro primas. Quantos papéis de carta cada uma receberá?

Resposta: _____

b) Hélio fabricou 2 459 tijolos nesta semana e os distribuiu igualmente em três lojas de material de construção. Quantos tijolos cada loja recebeu?

Resposta: _____

NOME: _____ DATA: _____

Verificando a multiplicação e a divisão

Para verificar se uma multiplicação está correta, usa-se a operação inversa, a **divisão**.
E para verificar se uma divisão está correta, usa-se a operação inversa, a **multiplicação**.
Observe:

No pacote há 12 biscoitos. Dividirei igualmente entre os 3.

Tenho 5 roseiras. Colherei 4 rosas de cada uma.

D	U
1	2	3
−1	2	4
0	0

Verificação
   4
× 3
─────
1 2

D	U
	4
×	5
2	0

Verificação
2 0 | 5
−2 0 | 4
─────
0 0

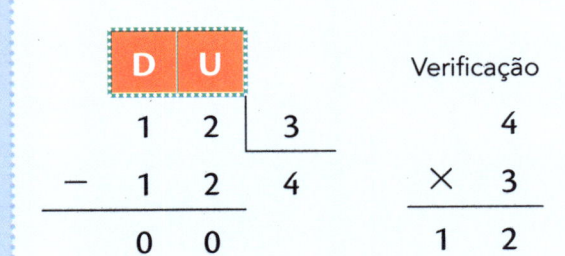

Atividades

1 Calcule as operações e faça as verificações.

a) 2 3 4 | 2

b) 5 6 4 | 3

c)

```
    2 4 6
  ×     4
  _____
```

e)

```
    6 5 2
  ×     6
  _____
```

d)

```
  3 2 9 1 | 5
```

f)

```
    4 9 3 4
  ×       5
  _____
```

2 Resolva as situações-problema e verifique-as.

a) No Dia das Mães, Josué gastou 136 reais com o presente de sua mãe e o triplo com o presente de sua avó. Quanto custou o presente da avó de Josué?

Resposta: _____

b) Em um jogo de tabuleiro, Camila precisa distribuir suas 148 fichas em 4 partes iguais entre os países que deseja conquistar. Quantas fichas Camila colocará em cada país?

Resposta: _____

NOME: _____ DATA: _____

Divisão por dois algarismos

C	D	U
1	4	4

```
  1 4 4 | 1 2
- 1 2   |-----
  -----  1 2
  0 2 4  
  - 2 4  D U
  -----
    0 0
```

Somos 144 voluntários para murar 12 casas. Vamos fazer 12 equipes de...

14 : 12 = 1
Sobram 2 dezenas.
Juntam-se 4 unidades.
24 : 12 = 2
Não sobra resto.

Atividades

1 Calcule com atenção as divisões a seguir e faça a verificação delas.

a) 4 8 8 | 2 2

c) 6 8 7 8 | 3 4

b) 4 9 5 6 | 3 0

d) 8 4 9 8 | 4 2

Matemática 169

2 Calcule os resultados e faça a correspondência entre as colunas.

a) 36 + 49   ☐ 236

b) 59 × 4   ☐ 7

c) 35 : 5   ☐ 85

3 Resolva as situações-problema.

a) A associação de moradores do bairro arrecadou 8 959 reais em uma rifa. Tal quantia será dividida igualmente entre 23 famílias carentes. Quanto cada família receberá?

Resposta: _____

b) Maria comprou presentes para seus netos e gastou um total de 250 reais. Ela dividiu a conta em 10 parcelas iguais. Qual é o valor de cada parcela?

Resposta: _____

c) Em uma caixa de presentes há 360 bolinhas de gude. Quantas dúzias podemos formar com essa quantidade?

Resposta: _____

NOME: _____ DATA: _____

Expressões numéricas com as quatro operações

Expressões numéricas que apresentam as quatro operações devem ser resolvidas na seguinte ordem:
- primeiro as multiplicações e divisões na ordem em que aparecem;
- depois adições e subtrações na ordem em que aparecem.

Havendo operações dentro de parênteses, elas deverão ser efetuadas primeiro.

$$30 - 15 \times 3 : 5 + 10 =$$
$$= 30 - 45 : 5 + 10 =$$
$$= 30 - 9 + 10 =$$
$$= 21 + 10 =$$
$$= 31$$

Atividades

1) Resolva as expressões.

a) $10 + 36 : 6 =$

b) $54 : 6 + 9 \times 3 - 2 + 6 =$

c) $800 : 10 + (30 - 10) \times 2 =$

d) $4 \times 7 + 12 : 3 - 9 =$

e) $50 \times 12 + 100 : 10 - 30 =$

f) $30 \times 5 + 75 : 3 + (15 - 5) =$

2 Resolva as situações-problema.

a) O trem saiu da cidade de Santa Fé com 350 passageiros. Na cidade de Pedrinhas desceu metade dessa quantidade e subiram 70 passageiros. Quantos passageiros chegaram à estação seguinte?

Resposta: _____

b) Em um jogo de cartas, as meninas fizeram 276 pontos na primeira rodada, o triplo de pontos na segunda rodada, perderam 368 pontos na terceira rodada e, na última, fizeram 61 pontos. No total, quantos pontos as meninas fizeram?

Resposta: _____

c) Um ônibus saiu da estação com 30 passageiros. No ponto seguinte subiram 15 pessoas, na segunda parada desceram 5 passageiros e na última parada antes do destino final subiu a metade dos passageiros ocupantes. Quantos passageiros chegaram ao destino final?

Resposta: _____

d) Em um jogo em que o prêmio eram balas, Pedro ganhou 20 balas na primeira rodada, ganhou o quíntuplo dessa quantia na rodada seguinte e, como estava feliz, continuou jogando, mas perdeu a metade. Não satisfeito foi para a última rodada e ganhou 20 balas. Com quantas balas Pedro ficou no fim do jogo?

Resposta: _____

Matemática

NOME: _____ DATA: _____

Múltiplos de um número

Múltiplo de um número é o produto da multiplicação desse número por outro número natural.
Podemos representar os múltiplos de um número da seguinte maneira:
M(2) = {0, 2, 4, 6, ...}

> Eu tirei 6 varetas amarelas. Cada uma vale 5 pontos.

> Você fez 30 pontos, porque 6 × 5 = 30.

Se 6 × 5 = 30, então 30 é múltiplo de 6.

Atividades

1 Em cada trilha, pinte os múltiplos dos números em destaque.

M(2)	1	2	3	4	5	6	7	8	9
M(3)	10	11	12	13	14	15	16	17	18

Matemática 173

2 Ligue os números da primeira coluna a seus respectivos múltiplos na segunda coluna.

a) M(4) •

b) M(5) •

c) M(6) •

d) M(7) •

e) M(8) •

f) M(9) •

• 0, 5, 10, 15, 20, 25, 30...

• 0, 8, 16, 24, 32, 40, 48...

• 0, 4, 8, 12, 16, 20, 24...

• 0, 9, 18, 27, 36, 45, 54...

• 0, 7, 14, 21, 28, 35, 42...

• 0, 6, 12, 18, 24, 30, 36...

3 Qual é o único número que é múltiplo de todos os números?

_____

4 Coloque **V** para as afirmativas verdadeiras e **F** para as afirmativas falsas.

a) ☐ O número 81 é múltiplo de 9.

b) ☐ Os números 0, 1, 3, 5, 7, 9 são múltiplos do número 3.

c) ☐ Os números 10, 20, 30, 40 são múltiplos do número 10.

d) ☐ Ao multiplicar um número natural pelo número 1, o produto é o próprio número.

5 Copie do quadro os múltiplos de cada número dos itens e escreva-os ao lado dele.

27 – 36 – 56 – 63 – 72 – 100

a) 3 _____

b) 9 _____

c) 8 _____

d) 6 _____

e) 7 _____

f) 10 _____

6 Escreva os múltiplos dos números a seguir menores que 40.

a) M(4) = { _____ }

b) M(6) = { _____ }

c) M(3) = { _____ }

d) M(5) = { _____ }

e) M(7) = { _____ }

f) M(2) = { _____ }

NOME: _____ DATA: _____

Divisores de um número

Divisores de um número são todos os números que, ao dividirem tal número, resultarão em uma divisão exata, isto é, com resto igual a zero.

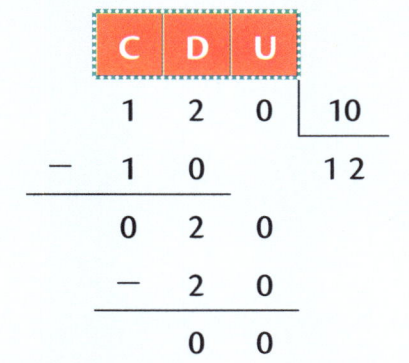

Com 120 flores fiz 10 ramalhetes com 12 unidades em cada.

C	D	U
1	2	0

```
  1 2 0 | 10
- 1 0   | 12
  ─────
  0 2 0
  - 2 0
  ─────
    0 0
```

O número 10 é divisor de 120, porque não sobrou resto, ou seja, 120 é divisível por 10. Podemos representar os divisores de um número da seguinte maneira:
D(120) = {1, 2, 4, 6, 8, 10, ...}

Atividades

1 Circule as operações com divisões exatas.

a)
```
  1 0 | 1
- 1   | 10
  ─────
  0 0
```

b)
```
  1 0 | 2
- 1 0 | 5
  ─────
  0 0
```

c)
```
  1 0 | 3
-   9 | 3
  ─────
  0 1
```

d)
```
  1 0 | 4
-   8 | 2
  ─────
  0 2
```

e)
```
  1 0 | 5
- 1 0 | 2
  ─────
  0 0
```

f)
```
  1 0 | 10
- 1 0 | 1
  ─────
  0 0
```

Matemática 175

2 Agora escreva os divisores do número 10.

_____

3 Escreva os números do quadro ao lado de seus divisores.

> 11 – 8 – 6 – 12 – 4 – 15

a) D(____) = {1, 2, 3, 6}

b) D(____) = {1, 11}

c) D(____) = {1, 2, 4, 8}

d) D(____) = {1, 2, 3, 4, 6, 12}

e) D(____) = {1, 2, 4}

f) D(____) = {1, 3, 5, 15}

4 Circule as frases verdadeiras.

a) O número 1 é divisor de qualquer número.

b) O número 0 pode dividir todos os números.

c) Todo número diferente de zero (0) é divisor dele mesmo.

d) Todo número par é divisível por 2.

5 Escreva os divisores dos números a seguir.

a) D(12) = { _____ }

b) D(18) = { _____ }

c) D(30) = { _____ }

d) D(45) = { _____ }

e) D(50) = { _____ }

f) D(84) = { _____ }

g) D(100) = { _____ }

6 Ligue cada número da coluna da esquerda a seu divisor na coluna da direita.

a) 19 •   • 4

b) 32 •   • 8

c) 50 •   • 5

d) 16 •   • 19

e) 33 •   • 11

Matemática

Números primos e números compostos

Número primo é o número que só é divisível pelo número 1 e por ele mesmo; portanto, os números primos têm apenas dois divisores.
Os números que não são primos são chamados de **números compostos**. A exceção é o número 1, que não é primo nem composto.

Números primos
2 ➡ divisores: 1 e 2
3 ➡ divisores: 1 e 3

Números compostos
4 ➡ divisores: 1, 2 e 4
6 ➡ divisores 1, 2, 3 e 6

Atividades

1 Ligue os números a seus divisores.

a) 13 •   • 1, 2, 3, 5, 6, 10, 15, 30

b) 24 •   • 1, 41

c) 30 •   • 1, 2, 3, 4, 6, 8, 12, 24

d) 41 •   • 1, 2, 5, 10, 25, 50

e) 50 •   • 1, 13

2 Escreva todos os divisores dos números a seguir.

a) D(6) = { _____ }

b) D(9) = { _____ }

c) D(11) = { _____ }

d) D(20) = { _____ }

e) D(53) = { _____ }

3 Responda às questões a seguir de acordo com os números da atividade anterior.

a) Quais são os números primos? _____

b) Quais são os números compostos? _____

c) Explique com suas palavras o que são números primos e números compostos.

_____

_____

d) Qual número não é nem primo nem composto? _____

4 Sublinhe as afirmações verdadeiras.

a) O único número primo par é o número 2.

b) O número 5 é um número primo.

c) O único número que apresenta um divisor é o número zero.

5 Marque com um **X** as alternativas em que todos os números são primos.

a) ☐ 2, 3, 5, 7, 9, 11, 13, 17, 19, 21

b) ☐ 23, 29, 31, 37, 41, 43, 47, 53

c) ☐ 2, 3, 5, 13, 19, 21, 31, 33, 36

d) ☐ 13, 17, 19, 41, 43, 47, 53, 59

6 Escreva os números primos menores que 40.

_____

7 Calcule mentalmente e escreva se o número é primo ou composto.

a) 71 _____ d) 94 _____

b) 14 _____ e) 100 _____

c) 3 _____ f) 89 _____

NOME: _____ DATA: _____

Frações

> **Fração** é uma ou mais partes iguais da divisão de um inteiro.
>
> *Cada um receberá um quarto da maçã.*
>
> Veja como escrevemos essa fração: $\frac{1}{4}$.
>
> $\frac{1}{4}$ é uma fração, que também é um número, um **número racional**.
>
> Os termos da fração são:
>
> traço de fração ⟶ $\frac{1}{4}$ ⟶ numerador
> ⟶ denominador
>
> •• O numerador indica quantas partes do inteiro foram tomadas.
> •• O denominador indica em quantas partes o inteiro foi dividido.
> •• Para ler uma fração, primeiro lê-se o numerador e, em seguida, o denominador: um quarto.

Atividades

1 Ligue as frações à sua escrita por extenso.

a) $\frac{5}{10}$ •   • dois sextos

b) $\frac{1}{3}$ •   • um meio

c) $\frac{2}{6}$ •   • cinco décimos

d) $\frac{1}{2}$ •   • um terço

Matemática

2 Pinte as figuras de acordo com a fração.

a) $\frac{4}{4}$

c) $\frac{3}{6}$

b) $\frac{7}{12}$

d) $\frac{1}{2}$

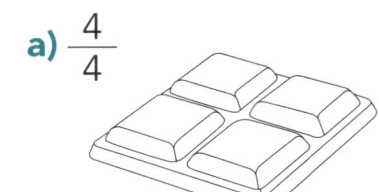

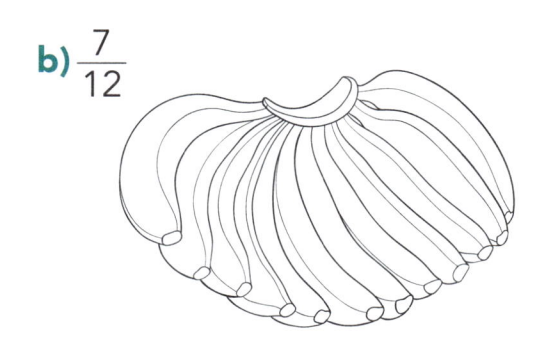

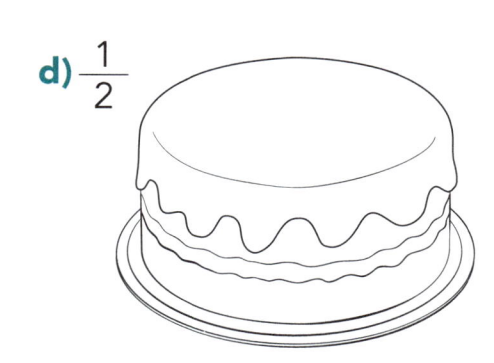

3 Assinale a alternativa correta.

$\frac{2}{3}$ de 27 laranjas é igual a:

a) ☐ 7 laranjas   b) ☐ 18 laranjas   c) ☐ 3 laranjas

4 Escreva como se leem estas frações:

a) $\frac{3}{4}$ _____

b) $\frac{5}{6}$ _____

c) $\frac{25}{3}$ _____

d) $\frac{8}{5}$ _____

e) $\frac{10}{12}$ _____

5 Represente na forma numérica as frações que estão escritas por extenso a seguir.

a) quatro nonos _____

b) dois oitavos _____

c) treze dezessete avos _____

d) trinta e sete centésimos _____

Matemática

NOME: _____   DATA: _____

Frações próprias, impróprias e aparentes

Fração própria: quando o numerador é menor que o denominador.
Fração imprópria: quando o numerador é maior do que o denominador.
Fração aparente: quando pode ser representada por um ou mais inteiros. Nesse tipo de fração, o numerador é divisível pelo denominador.

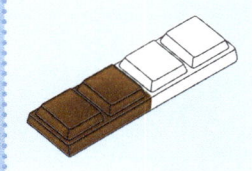

$\dfrac{2}{4}$ ⟶ própria 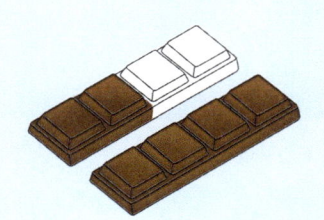 $\dfrac{6}{4}$ ⟶ imprópria 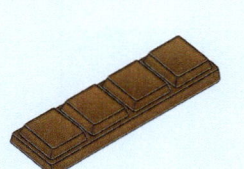 $\dfrac{4}{4}$ ⟶ aparente

Atividades

1 Pinte cada figura de acordo com a fração indicada.

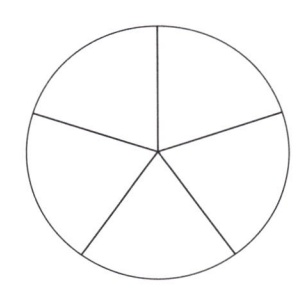

a) $\dfrac{9}{5}$

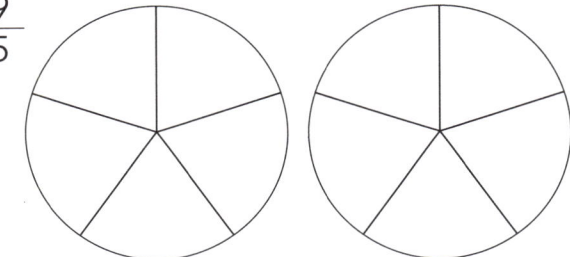

b) $\dfrac{5}{5}$

c) $\dfrac{3}{5}$

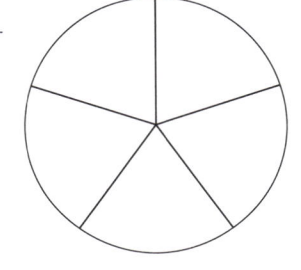

d) $\dfrac{1}{5}$

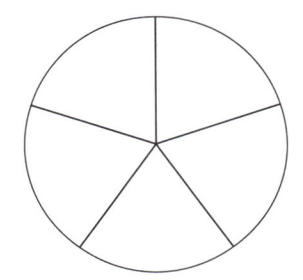

2 Agora, classifique as frações da atividade anterior.

a) _____

b) _____

c) _____

d) _____

Matemática 181

3 Classifique as frações em própria, imprópria ou aparente de acordo com a legenda a seguir.

| P | fração própria | | I | fração imprópria | | A | fração aparente |

a) ☐ $\dfrac{3}{3}$ c) ☐ $\dfrac{2}{6}$ e) ☐ $\dfrac{8}{4}$

b) ☐ $\dfrac{9}{10}$ d) ☐ $\dfrac{7}{4}$ f) ☐ $\dfrac{5}{9}$

4 Represente com desenhos as frações da atividade anterior.

a)

b)

c)

d)

e)

f)

5 Transforme as frações aparentes em números inteiros.

a) $\dfrac{6}{6} =$ _____   c) $\dfrac{25}{5} =$ _____   e) $\dfrac{30}{3} =$ _____

b) $\dfrac{2}{2} =$ _____   d) $\dfrac{9}{3} =$ _____   f) $\dfrac{8}{2} =$ _____

Matemática

NOME: _____ DATA: _____

Frações equivalentes

Frações equivalentes: são frações diferentes, mas que representam a mesma parte do inteiro. Veja:

$$\frac{1}{4} = \frac{2}{8}$$

Atividades

1 Pinte cada figura de acordo com a fração indicada.

a) $\frac{3}{6}$

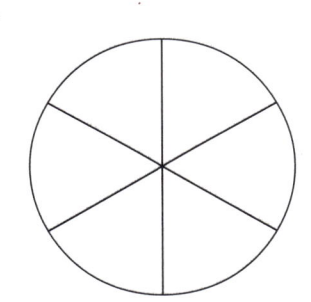

b) $\frac{6}{12}$

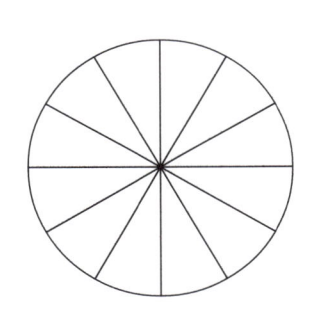

2 Ligue as frações que são equivalentes.

a) $\frac{2}{4}$ •

b) $\frac{3}{8}$ •

c) $\frac{5}{10}$ •

• $\frac{6}{16}$

• $\frac{4}{8}$

• $\frac{10}{20}$

Matemática 183

Frações de quantidade

Para calcular a fração de uma quantidade, basta dividir a quantidade pelo denominador e multiplicar o quociente pelo numerador. Veja:

Você me ajudou a colher 75 laranjas. Vou te dar um quinto delas.

$\frac{1}{5}$?

$\frac{1}{5}$ de 75 = 15 laranjas.

```
  7 5 | 5
-   5   1 5
  ─────
    2 5
 -  2 5
  ─────
    0 0
```

```
    1 5
  ×   1
  ─────
    1 5
```

Atividades

1 Calcule as frações de quantidades.

a) $\frac{2}{6}$ de 30 = _____

b) $\frac{3}{8}$ de 40 = _____

2 Dona Claudia bordou para o bazar de Natal 48 toalhas e vendeu $\frac{3}{6}$ dessa quantia. Quantas toalhas Dona Claudia vendeu?

Resposta: _____

Matemática

NOME: _____ DATA: _____

Adição de frações com o mesmo denominador

Para somar duas ou mais frações com denominadores iguais, conservamos o denominador comum e somamos os numeradores. Observe:

- Em uma construção, João pintou $\frac{1}{5}$ de um prédio e Pedro pintou $\frac{3}{5}$. Quanto eles já pintaram do prédio?

$$\underset{\text{João}}{\frac{1}{5}} + \underset{\text{Pedro}}{\frac{3}{5}} = \underset{\text{total}}{\frac{4}{5}}$$

Atividades

1 Pinte cada figura de acordo com as frações e resolva a adição.

a) $\frac{3}{9} + \frac{1}{9} =$ _____

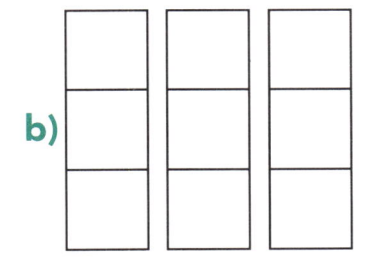

b) $\frac{2}{3} + \frac{1}{3} + \frac{2}{3} =$ _____

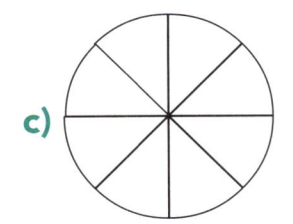

c) $\frac{2}{8} + \frac{3}{8} =$ _____

2 Efetue a soma destas frações.

a) $\frac{2}{8} + \frac{6}{8} =$ _____

b) $\frac{5}{10} + \frac{3}{10} + \frac{2}{10} =$ _____

c) $\frac{5}{12} + \frac{3}{12} + \frac{2}{12} =$ _____

d) $\frac{1}{5} + \frac{1}{5} + \frac{2}{5} =$ _____

Matemática

3 Da mesada de junho, usei $\frac{2}{6}$ com lanche e $\frac{3}{6}$ com cinema. Qual fração da mesada já usei?

4 Juliana, Pedro, Alice e Rodrigo foram comer *pizza*. A *pizza* veio dividida em 8 pedaços.

a) Faça um desenho que represente a *pizza* inteira dividida em 8 partes.

b) Que fração representa a *pizza* inteira? _____

c) Juliana comeu 2 pedaços da *pizza* e Pedro comeu 3 pedaços. Que fração representa o total que eles comeram?

_____

d) Alice comeu 1 pedaço de *pizza* e Rodrigo também. Que fração representa os pedaços de *pizza* que eles comeram juntos?

_____

e) Que fração representa o total de *pizza* comido pelos quatro?

_____

5 Lucas, Mateus e Isadora compraram um chocolate dividido em 12 partes iguais. De acordo com os itens a seguir, pinte de cores diferentes o que cada criança comeu.

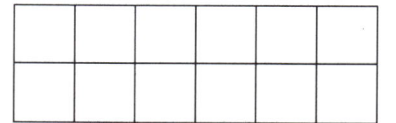

a) Lucas comeu 3 partes. Que fração ele comeu? _____

b) Mateus comeu 2 partes. Que fração ele comeu? _____

c) Isadora comeu 5 partes. Que fração ela comeu? _____

d) Juntos eles comeram que fração do chocolate? _____

e) Com o total que eles comeram, faça uma adição de frações para formar um inteiro do chocolate.

_____

Matemática

NOME: _____ **DATA:** _____

Subtração de frações com o mesmo denominador

Para subtrair duas frações com denominadores iguais, conservamos o denominador comum e subtraímos os numeradores. Observe:

- Vimos que João e Pedro já pintaram $\frac{4}{5}$ do prédio.

  Que fração do prédio ainda precisa ser pintada?

  $$\frac{5}{5} - \frac{4}{5} = \frac{1}{5}$$

  parte pintada — total — parte que falta pintar

Atividades

1) Circule o cálculo que corresponde à imagem.

a) $\frac{9}{9} - \frac{7}{9} = \frac{2}{9}$

b) $\frac{7}{9} - \frac{2}{9} = \frac{5}{9}$

2) Calcule as subtrações de frações.

a) $\frac{6}{6} - \frac{2}{6} =$ _____

b) $\frac{4}{4} - \frac{3}{4} =$ _____

c) $\frac{12}{12} - \frac{8}{12} =$ _____

d) $\frac{8}{8} - \frac{4}{8} =$ _____

3) Observe o exemplo e calcule as subtrações.

$1 - \frac{4}{7} = \frac{7}{7} - \frac{4}{7} = \frac{3}{7}$

a) $1 - \frac{5}{12} =$ _____

b) $1 - \frac{2}{10} =$ _____

c) $1 - \frac{6}{15} =$ _____

d) $1 - \frac{10}{20} =$ _____

Matemática 187

4 Pinte em cada figura a fração indicada.

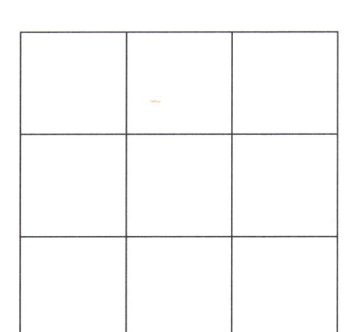

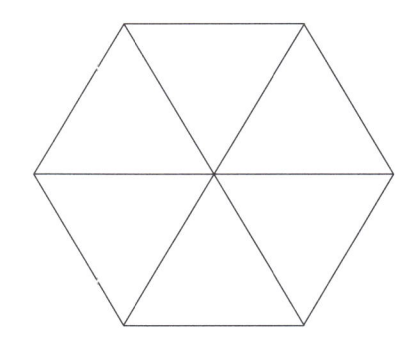

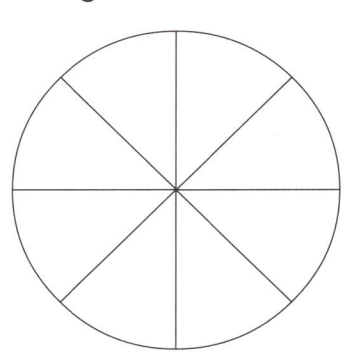

a) $\dfrac{4}{9}$ b) $\dfrac{3}{6}$ c) $\dfrac{6}{8}$

5 Elabore, para cada figura da atividade anterior, uma subtração de frações que indique a parte que você não coloriu.

a) _____

b) _____

c) _____

6 Resolva as situações-problema.

a) Carla fez um bolo e o cortou em 12 fatias. Levou para o lanche $\dfrac{4}{12}$. Que fração do bolo sobrou?

Resposta: _____

b) Júlio dividiu seu terreno em 6 partes. Em $\dfrac{2}{6}$ plantou leguminosas e no restante plantou laranjas. Que fração do terreno representa a parte em que ele plantou laranjas?

Resposta: _____

c) Sofia bebeu $\dfrac{3}{8}$ de uma jarra de suco. Que fração do suco ainda há na jarra?

Resposta: _____

Matemática

NOME: _____ DATA: _____

Números decimais

Os números decimais têm uma característica importante: eles têm uma parte inteira e outra decimal separadas pela vírgula. Os números que estão à esquerda da vírgula indicam a parte inteira e os números que estão à direita representam o decimal. Observe:

- A *pizza* foi dividida em 10 partes iguais.

  O menino pegou 1 fatia da *pizza*, ou seja, $\frac{1}{10}$ ou **0,1** (lê-se: um décimo).

  Nesse número, o **0** representa que não há inteiro e o **1**, uma parte do inteiro que foi dividido em 10 partes.

Atividades

1 Pinte as barras de acordo com os números.

a) 0,7 = sete décimos

b) $\frac{4}{10}$ = quatro décimos

c) $\frac{10}{10}$ = um inteiro ou dez décimos

d) 1,8 = um inteiro e oito décimos

Matemática

2 Represente os números a seguir na forma fracionária e na forma decimal.

a) nove décimos _____

b) cinco décimos _____

c) um inteiro e três décimos _____

d) dois décimos _____

3 Escreva os números por extenso.

a) 0,8 _____

b) $4\frac{3}{10}$ _____

c) 5,2 _____

d) $2\frac{1}{10}$ _____

e) 0,6 _____

> Usamos os números decimais em muitas situações do dia a dia, como na representação de preços e valores em reais e centavos.

4 Escreva por extenso o valor de cada produto.

a) R$ 602,25

b) R$ 88,50

c) R$ 299,90

d) R$ 31,75

Matemática

Frações decimais

Frações decimais são aquelas frações com denominadores 10, 100 ou 1 000.
Veja alguns exemplos:

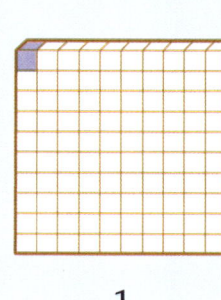

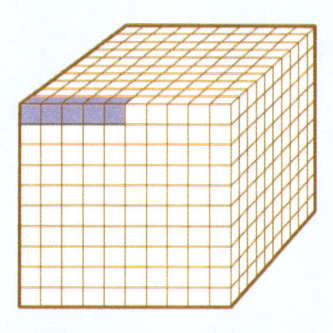

$\frac{1}{10}$ (Lê-se: um décimo.)

$\frac{1}{100}$ (Lê-se: um centésimo.)

$\frac{5}{1\,000}$ (Lê-se: cinco milésimos.)

Atividades

1 Represente cada quantidade a seguir com a fração correspondente a ela.

a) trinta e um centésimos _____

b) nove décimos _____

c) cento e um milésimos _____

d) dois centésimos _____

e) quarenta milésimos _____

f) trezentos e cinquenta e nove milésimos _____

As frações decimais podem ser escritas na forma de números decimais. Veja:

- $\frac{2}{10}$ = **0,2** — com um algarismo após a vírgula, lê-se décimo;

- $\frac{2}{100}$ = **0,02** — com dois algarismos após a vírgula, lê-se centésimo;

- $\frac{2}{1\,000}$ = **0,002** — com três algarismos após a vírgula, lê-se milésimo.

Matemática

2 Transforme as frações decimais em números decimais.

a) $\dfrac{6}{100}$ = _____

b) $\dfrac{250}{1\,000}$ = _____

c) $\dfrac{37}{1\,000}$ = _____

d) $\dfrac{5}{10}$ = _____

e) $\dfrac{401}{1\,000}$ = _____

f) $\dfrac{321}{100}$ = _____

3 Escreva como se leem os números decimais da atividade anterior.

a) _____

b) _____

c) _____

d) _____

e) _____

f) _____

4 Pinte as figuras de acordo com a fração decimal.

a) $2\dfrac{6}{10}$

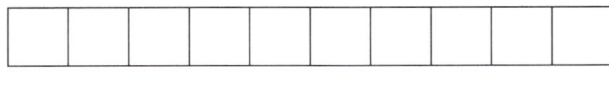

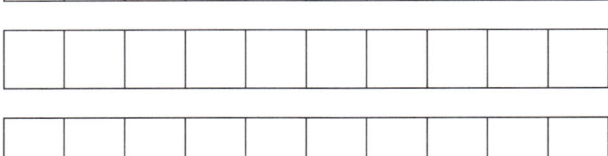

b) $1\dfrac{15}{100}$

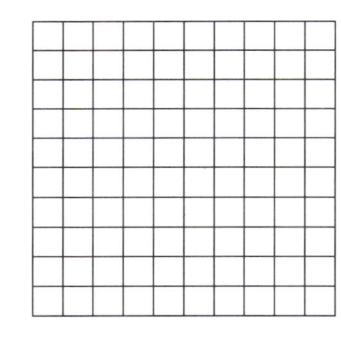

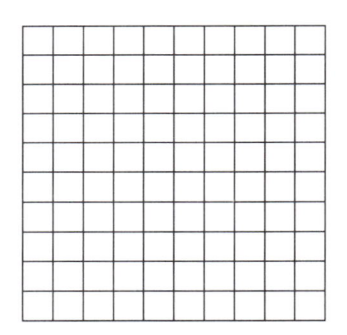

c) $\dfrac{28}{100}$

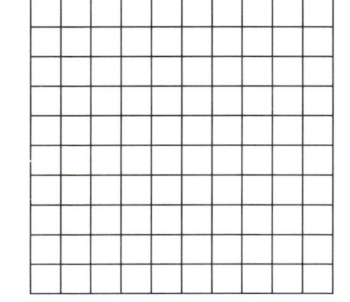

Matemática

NOME: _____ DATA: _____

Mais informações sobre números decimais

O número decimal não se altera quando se acrescentam ou se retiram zeros à direita do último algarismo da parte decimal.

Eu pintei 0,2. E você?

Eu pintei 0,20. Quem será que pintou a maior parte?

Observe que as crianças pintaram a mesma proporção da imagem. Então **0,2** e **0,20** são números equivalentes.

Atividades

1 Pinte as figuras de acordo com números decimais. Depois, ligue os números equivalentes.

a) 0,4

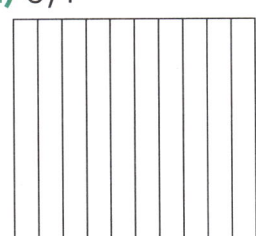

b) 0,50

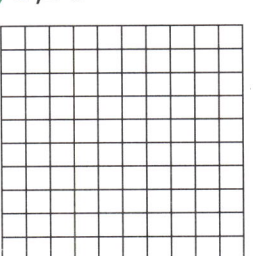

c) 0,5

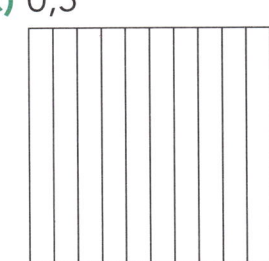

d) 0,40

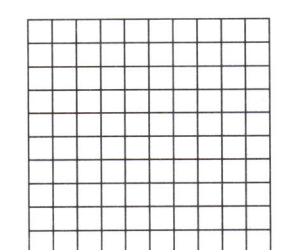

2 Ligue os números decimais equivalentes.

0,680   1,03   3,04   0,200   22

3,040   0,2   22,000   0,68   1,030

> Ao comparar dois números decimais, três aspectos têm de ser observados:
>
> - quando as partes inteiras são diferentes, o número maior é o que tem a maior parte inteira: **2,01 > 1,9** porque **2 > 1**;
>
> - quando as partes inteiras são iguais e há o mesmo número de casas decimais, o número maior é o que tem a maior parte decimal: **3,607 > 3,451**;
>
> - quando as partes inteiras são iguais e o número de casas decimais é diferente, iguala-se a parte decimal acrescentando-se zeros à direita: **7,9 > 7,23** porque **7,90 > 7,23**.

3 Compare os números decimais utilizando >, < ou =.

a) 0,7 ____ 0,70

b) 12,80 ____ 13,01

c) 22,017 ____ 22,980

d) 4,109 ____ 4,091

e) 0,340 ____ 0,34

f) 1,06 ____ 1,02

4 Organize os números decimais a seguir no quadro de valor de lugar. Observe o exemplo.

a) 207,084

b) 81,02

c) 0,569

d) 0,26

Parte inteira			Parte decimal		
Centenas	Dezenas	Unidades	décimos	centésimos	milésimos
C	D	U	d	c	m
2	0	7,	0	8	4

194 **Matemática**

Adição com números decimais

Na adição de números decimais colocamos vírgula embaixo de vírgula e somamos milésimo com milésimo, centésimo com centésimo, décimo com décimo e, quando houver, inteiro com inteiro. Se necessário, as ordens vazias podem ser completadas com zero.

Quero um brigadeiro.

3,50 + 4,80?!

Um quindim, por favor.

Brigadeiro R$ 3,50
Bomba de chocolate R$ 2,20
Quindim R$ 4,80
Mousse R$ 5,25

C	D	U	d	c	m
		¹3,	5	0	
+		4,	8	0	
		8,	3	0	

Atividades

1 Resolva as operações.

a) 29,571 + 11,014

b) 0,891 + 6,4

c) 713,004 + 24,67

d) 0,543 + 0,6

Matemática 195

2 Resolva as situações-problema.

a) Lígia comprou um frango por R$ 15,75, um quilo de tomate por R$ 5,60 e uma alface por R$ 2,05. Quanto Lígia gastou?

Resposta: _____

b) Em uma promoção, Paulo comprou uma passagem aérea de ida para Curitiba por R$ 398,90 e pagou mais R$ 0,90 pela passagem de volta. Quanto Paulo pagou pelas duas passagens?

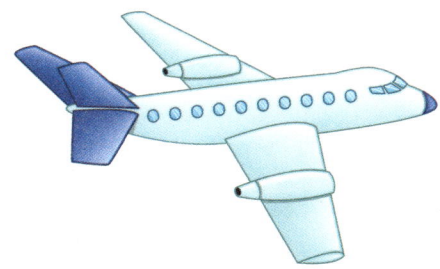

Resposta: _____

c) Para comprar uma mochila, Lara pagou R$ 52,50 de entrada mais uma parcela de R$ 48,50. Quanto custou a mochila que Lara comprou?

Resposta: _____

> No sistema monetário, ao escrever os valores por extenso dos números decimais, usamos real ou reais e centavo ou centavos em vez de inteiros, décimos ou centésimos.

3 Escreva por extenso a resposta dos itens **a**, **b** e **c** da atividade 2.

a) _____

b) _____

c) _____

Subtração com números decimais

Na subtração de números decimais colocamos vírgula embaixo de vírgula e subtraímos milésimo de milésimo, centésimo de centésimo, décimo de décimo e inteiro de inteiro, quando houver. Se necessário, as ordens vazias podem ser completadas com zero.

C	D	U	d	c	m
	⁰1̶	¹0,	5	0	
−		8,	5	0	
		2,	0	0	

Tinha R$ 10,50. O sorvete custou R$ 8,50. Preciso conferir o troco!

Atividades

1 Calcule as operações.

a) 154,80 − 127,50

b) 965,34 − 78,34

c) 5 − 0,235

d) 382,76 − 90,09

e) 250 − 15,16

f) 23,63 − 14,245

2) Resolva as situações-problema.

a) Rômulo recebe uma mesada de R$ 300,00 por mês e tem uma despesa mensal de R$ 214,26. Quanto Rômulo economiza mensalmente?

Resposta: _____

b) Para a viagem de férias, Mila poupou a quantia de R$ 1.208,00 e Sara poupou a quantia de R$ 859,50. Quanto Mila poupou a mais que Sara?

Resposta: _____

c) Gabriel quer comprar uma bicicleta que custa R$ 284,90, porém ele só tem R$ 137,00. Quanto falta para ele comprar a bicicleta?

Resposta: _____

d) Alice levou R$ 100,00 para comprar um quebra-cabeça. Gastou R$ 35,90. Com quanto Alice ficou?

Resposta: _____

3) Analise as respostas da atividade anterior e escreva a seguir o maior e o menor valor por extenso.

Maior: _____

Menor: _____

198 Matemática

Multiplicação com números decimais

Para multiplicar um número decimal por outro número decimal devemos:
- multiplicá-los como se fossem números naturais, ou seja, sem as vírgulas;
- colocar a vírgula no produto obtido, de acordo com a soma do número de casas decimais dos fatores. Observe:

	C	D	U	d
	¹3	¹3	¹¹4,	6
×			2,	3
	1	0	0	3	8
+	6	6	9	2	
	7	6	9,	5	8

Atividades

1 Efetue as multiplicações.

a) 65,320 × 3,4

b) 15,06 × 1,3

c) 410,14 × 2,1

d) 21,01 × 8,4

Para multiplicar um número decimal por um número natural, fazemos o mesmo processo: multiplicamos sem as vírgulas, como se fossem números naturais, e, depois, colocamos a vírgula no produto obtido, de acordo com o número de casas decimais do fator decimal.

2 Calcule as multiplicações.

a) 268,02 × 26

```
    2 6 8, 0 2
  ×        2 6
  _____
```

b) 32,59 × 35

```
      3 2, 5 9
    ×      3 5
  _____
```

3 Resolva as situações-problema.

a) Lília pagará 12 parcelas de R$ 102,34 por uma televisão. Qual é o valor da televisão que Lília comprou?

Resposta: _____

b) Durante 24 meses, Renato economizou R$ 30,00 para comprar uma mesa de pingue-pongue. Quanto Renato economizou?

Resposta: _____

200 **Matemática**

NOME: _____ DATA: _____

Multiplicação de números decimais por 10, 100 e 1000

> Para multiplicar números decimais por **10, 100** ou **1 000**, desloca-se a vírgula **uma, duas** ou **três** casas decimais para a **direita**, respectivamente. Observe:
> 49,176 × 10 = 491,76
> 49,176 × 100 = 4 917,6
> 49,176 × 1 000 = 49 176

Atividades

1 Calcule as multiplicações.

a) 0,021 × 100 = _____

b) 16,98 × 1000 = _____

c) 0,5 × 10 = _____

d) 2,987 × 100 = _____

e) 43,27 × 10 = _____

f) 0,02 × 100 = _____

g) 0,17 × 1000 = _____

h) 27,061 × 100 = _____

2 Resolva as situações-problema.

a) Para comprar o uniforme do campeonato de futebol, o grupo da manhã arrecadou R$ 255,50. O grupo da tarde arrecadou 10 vezes mais. Quantos reais o grupo da tarde arrecadou?

Resposta: _____

b) No Dia das Mães, uma banca de flores lucrou R$ 2.896,50. Nesse mesmo dia, uma floricultura lucrou 100 vezes mais. Quanto a floricultura lucrou?

Resposta: _____

Divisão de números decimais por 10, 100 e 1000

> Para dividir números decimais por **10, 100** ou **1000**, desloca-se a vírgula **uma, duas** ou **três** casas decimais para a **esquerda**, respectivamente. Observe:
> 784,87 : 10 = 78,487
> 784,87 : 100 = 7,8487
> 784,87 : 1000 = 0,78487

Atividades

1 Calcule as divisões.

a) 235,7 : 100 = _____

b) 9,1 : 10 = _____

c) 92,4 : 1000 = _____

d) 88,06 : 100 = _____

e) 92 : 10 = _____

f) 6,50 : 1000 = _____

g) 560 : 100 = _____

h) 7 : 10 = _____

i) 5 073,6 : 1000 = _____

j) 45,89 : 100 = _____

2 Calcule as operações mentalmente e circule a resposta adequada.

a) 9,5 : 10 =   0,095   0,95   0,950

b) 382,6 : 100 =   3,826   38,26   382,6

c) 107,1 : 1000 =   1,071   0,1071   010,71

d) 9 × 100 =   0,09   90   900

e) 1,25 × 1000 =   1250   12,500   125,000

f) 0,810 × 10 =   810   8,10   81,0

3 Calcule as operações mentalmente e ligue-as aos respectivos resultados.

a) 58,20 × 10 •   • 724,3

b) 7,243 × 100 •   • 13,8

c) 2 × 1000 •   • 582,00

d) 1,38 × 10 •   • 2 000

Matemática

Geometria

Reta, curva, semirreta e segmento

Reta, curva, semirreta e segmento de reta são figuras da Geometria.

Reta.   Curva.   Semirreta.   Segmento de reta.

Atividades

1 De acordo com as características dadas, escreva o nome da figura.

a) Tem origem, mas não tem fim.

_____

b) Não tem começo nem fim; ela continua nos dois sentidos.

_____

c) Parte de uma reta que apresenta um ponto inicial e um ponto final.

_____

2 Desenhe uma linha curva.

Matemática

As retas podem estar em três posições diferentes:
vertical, horizontal e inclinada.

3 De acordo com o desenho, classifique a posição das retas.

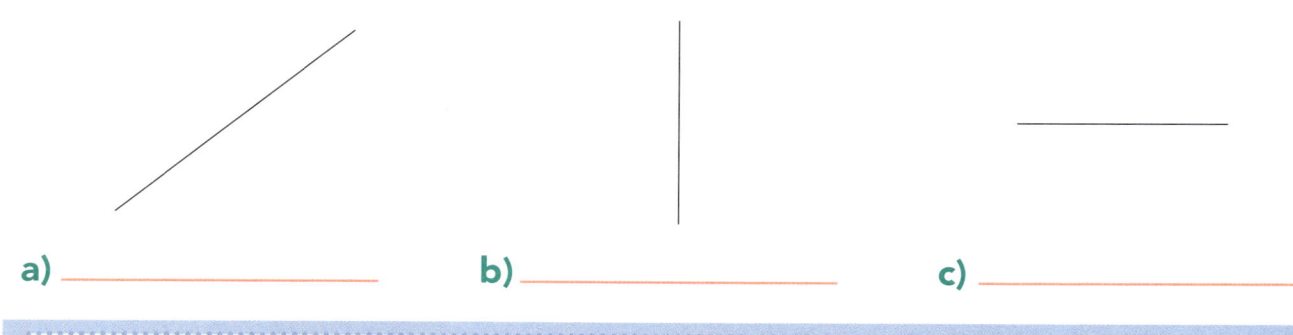

a) _____ b) _____ c) _____

Quanto à posição relativa de duas ou mais retas no plano, podemos ter:

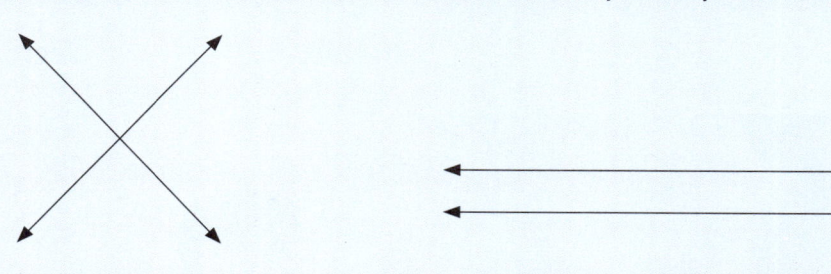

Retas concorrentes ou secantes.   Retas paralelas.

4 Desenhe as retas de acordo com as características dadas e escreva o nome delas.

a) Duas retas que não se encontram, não têm pontos em comum e permanecem sempre a uma mesma distância uma da outra.

b) Duas retas que se cruzam e têm um ponto em comum.

NOME: _____ DATA: _____

Ângulos

A região do plano delimitada por duas semirretas de mesma origem é denominada de **ângulo**. As duas semirretas formam os **lados** do ângulo, e o ponto de origem delas é o **vértice**.
Os ângulos podem ser classificados em:

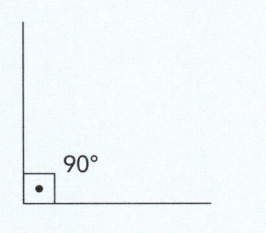

90°	> 90°	< 90°
Ângulo reto.	Ângulo obtuso.	Ângulo agudo.

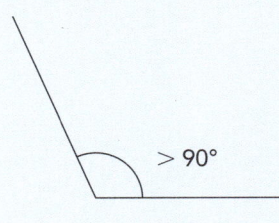

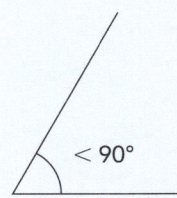

Atividades

1 Ligue cada característica ao ângulo correspondente a ela.

a) É o ângulo cuja medida é menor que 90 graus.

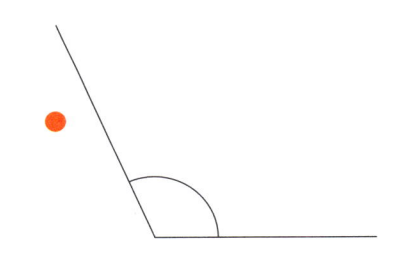

b) É o ângulo cuja medida é 90 graus.

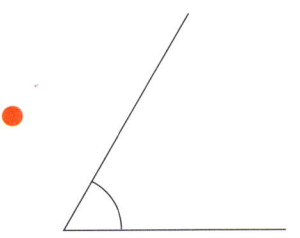

c) É o ângulo cuja medida é maior que 90 graus.

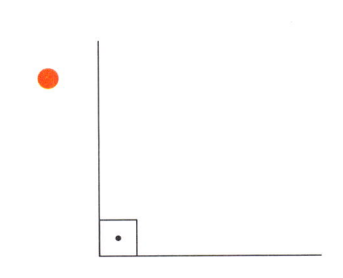

2 Observe o ângulo indicado na figura a seguir e escreva o que se pede.

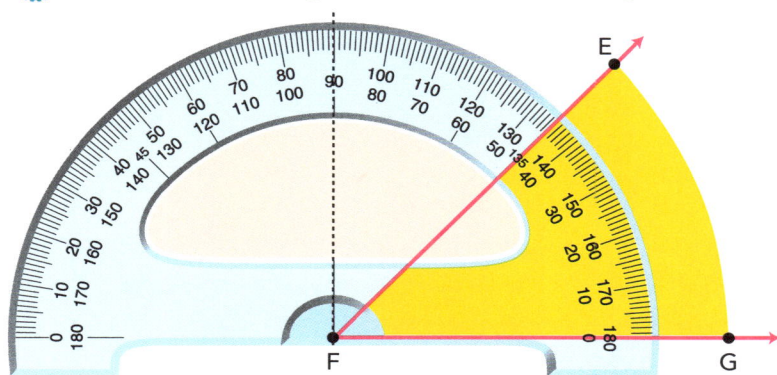

a) Vértice do ângulo: _____

b) As semirretas (lados) que formam o ângulo: _____

3 Trace nas figuras a seguir:

a) um ângulo reto;

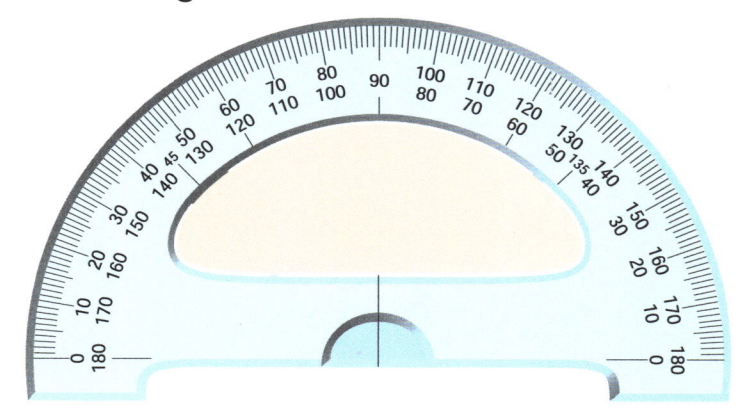

b) um ângulo obtuso de 160 graus;

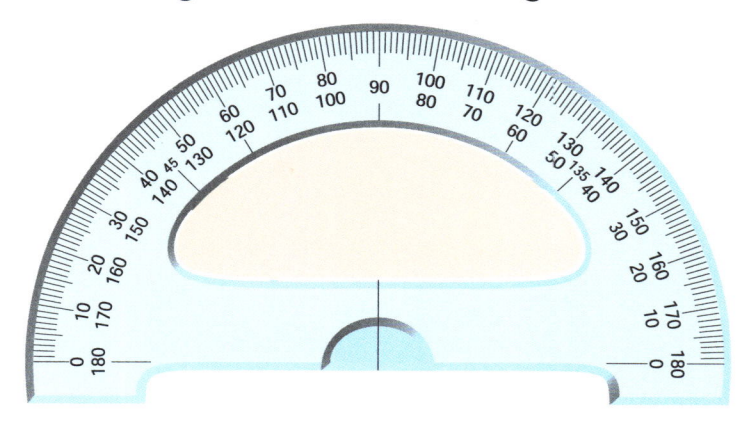

c) um ângulo agudo de 50 graus.

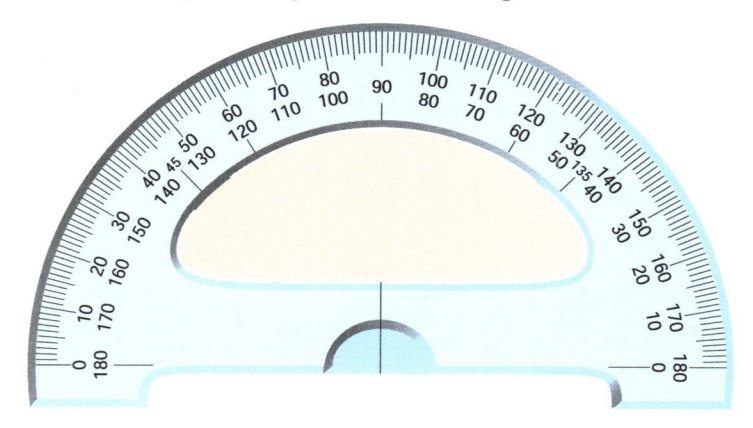

206 **Matemática**

NOME: _____ DATA: _____

Polígonos

Polígonos são formas planas fechadas formadas por segmentos de retas que não se cruzam. Os polígonos têm: **lados, vértices** e **ângulos**.
Eles são nomeados de acordo com o número de lados. Veja:

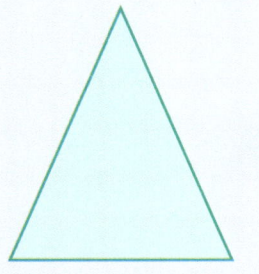

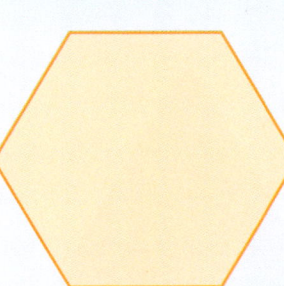

Triângulo.   Quadrilátero.   Hexágono.

Atividades

1 Pinte apenas os polígonos.

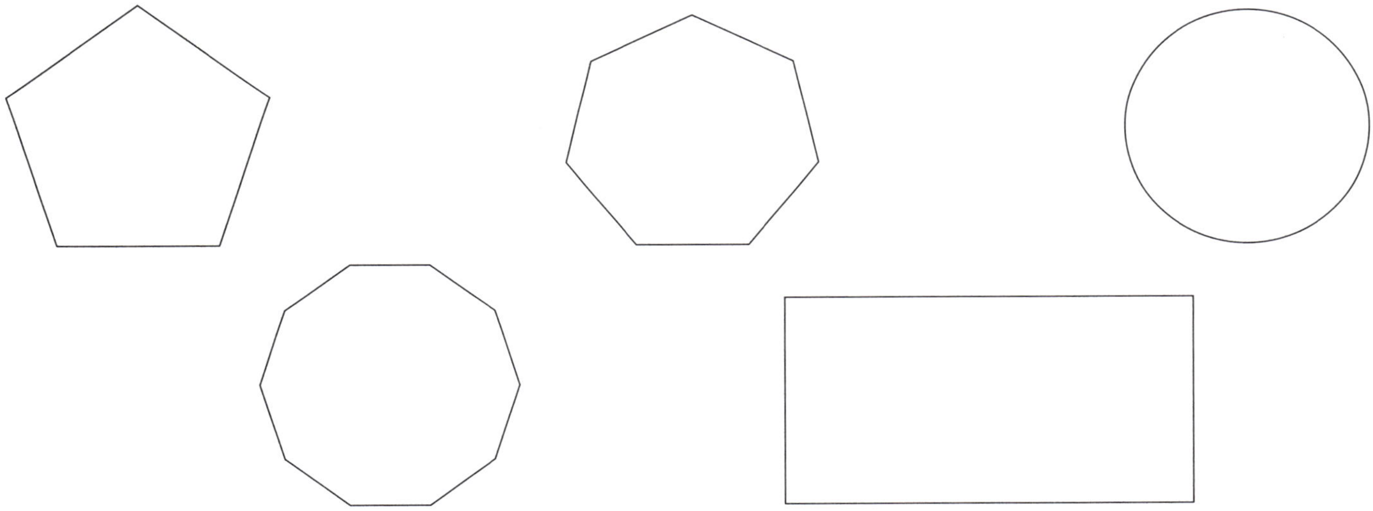

2 Circule o nome do polígono que tem 4 lados, 4 ângulos e 4 vértices. Depois, desenhe-o ao lado.

a) triângulo

b) quadrilátero

c) pentágono

d) decágono

Matemática 207

3 A placa de trânsito a seguir tem a forma de um polígono. Escreva o número de lados e o nome desse polígono.

Lados: _____

Nome do polígono: _____

4 Escreva o número de lados de cada polígono.

a) triângulo: _____

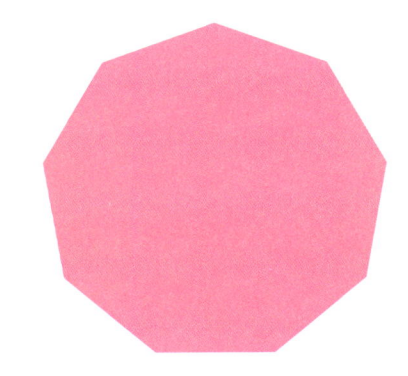

b) quadrilátero: _____

c) pentágono: _____

d) hexágono: _____

e) heptágono: _____

f) octógono: _____

g) eneágono: _____

h) decágono: _____

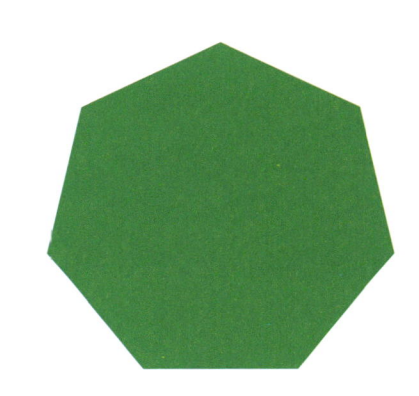

i) dodecágono: _____

208 **Matemática**

NOME: _____ DATA: _____

Triângulos

Triângulos são polígonos formados por três segmentos de retas ou três lados. De acordo com as medidas de seus lados, são classificados em:

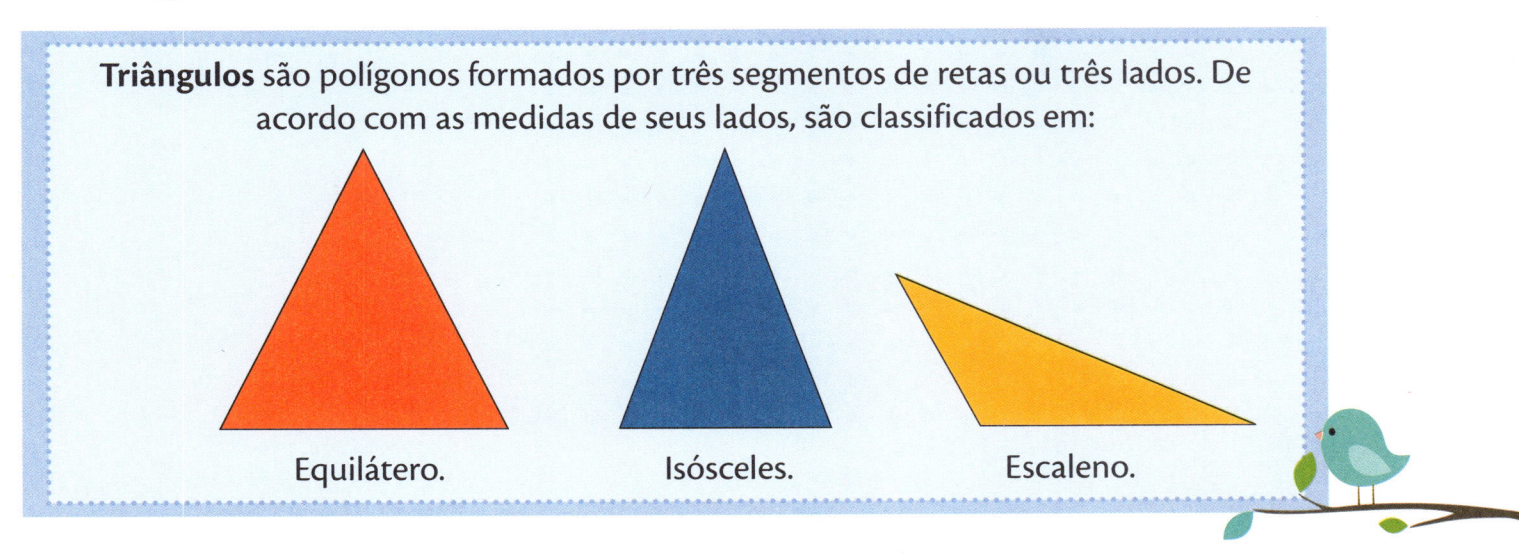

Equilátero.   Isósceles.   Escaleno.

Atividades

1 Numere a segunda coluna de acordo com a primeira.

1 Os três lados têm medidas diferentes.

2 Os três lados têm medidas iguais.

3 Apenas dois lados têm a mesma medida.

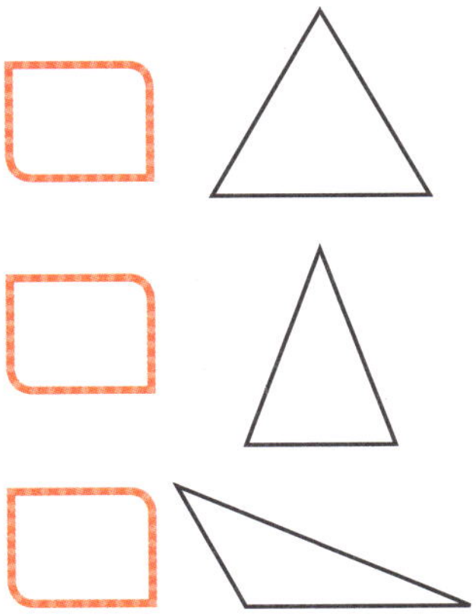

2 Estas imagens têm a forma de qual triângulo? Escreva no quadro a classificação que recebem.

Mile Atanasov/Shutterstock

Berents/Shutterstock

Matemática   209

3 Desenhe na malha os triângulos pedidos.

a) escaleno

b) isósceles

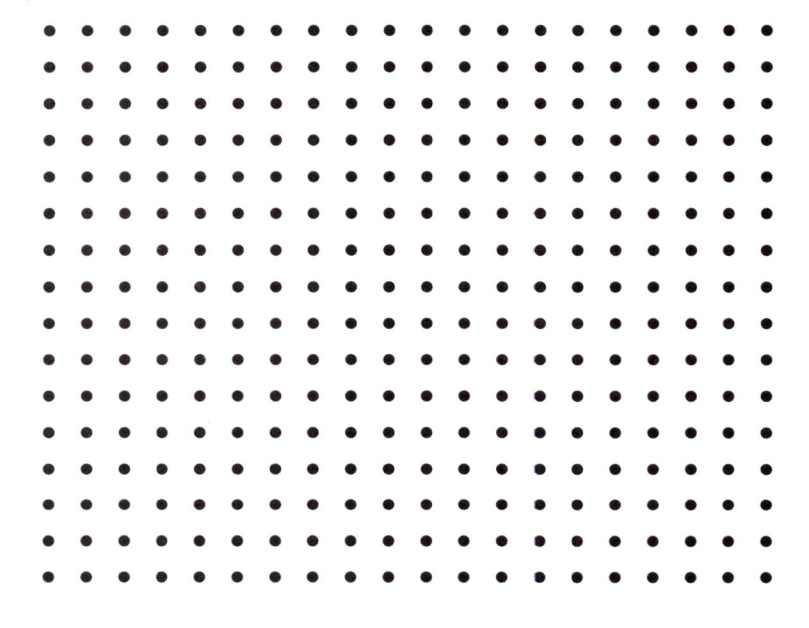

c) equilátero

escaleno

NOME: _____ DATA: _____

Quadriláteros

Quadriláteros são polígonos de quatro lados. Veja a seguir as características de alguns deles.

Quadrado: quadrilátero com 4 lados de mesma medida e 4 ângulos retos.

Retângulo: quadrilátero com 4 ângulos retos e medidas iguais nos lados paralelos.

Paralelogramo: quadrilátero com 2 pares de lados paralelos.

Trapézio: quadrilátero com um par de lados opostos paralelos.

Losango: quadrilátero com 4 lados de mesma medida e 2 pares de ângulos com mesma medida.

Atividades

1) Pinte os quadriláteros trapézios.

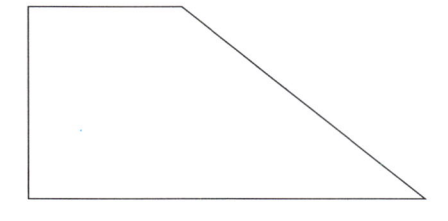

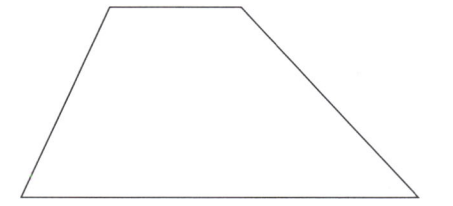

Matemática

2 Desenhe na malha um quadrilátero que tenha os quatro lados com medidas iguais.

Vamos ler

A lenda do Tangran

Conta a lenda que um sábio chinês deveria levar uma placa de jade ao imperador. No meio do caminho, ele tropeçou e a peça se quebrou em sete pedaços geometricamente perfeitos. A cada tentativa do sábio de remendar a placa, surgia uma nova figura. Depois de muitas novas figuras o sábio conseguiu formar novamente a placa e a levou ao imperador.

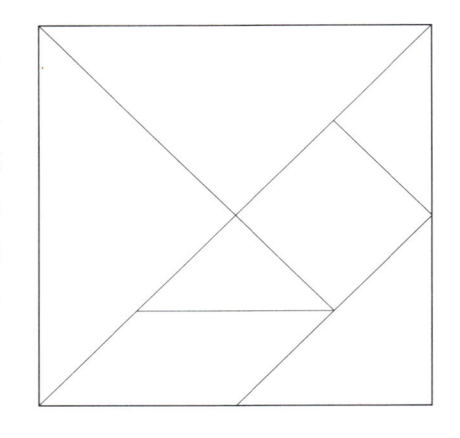

Lenda recontada pela autora.

3 Pinte os quadriláteros que existem no Tangran acima.

4 Escreva o nome dos quadriláteros a seguir.

a) _____

b) _____

c) _____

d) _____

e) _____

NOME: _____ DATA: _____

Medidas de tempo

O tempo pode ser medido. Para medir a duração de um dia usamos as unidades de medida de tempo: **hora (h)**, **minuto (m)** e **segundo (s)**.
Um dia tem 24 horas; 1 hora tem 60 minutos; 1 minuto tem 60 segundos.

Atividades

1) A cena acima se passa no período da tarde. De que outra forma o horário de partida poderia ser escrito? Marque um **X** na opção correta.

a) ☐ 17h05   b) ☐ 1h05   c) ☐ 5h01

2) Marque nos relógios as horas pedidas.

a) 3h45   b) 18h20    c) 20h30

3 Responda às questões a seguir.

a) Se uma hora tem 60 minutos, meia hora tem quantos minutos?

___

b) Se 1 minuto tem 60 segundos, 5 minutos têm quantos segundos?

___

c) Se um dia tem 24 horas, 3 dias têm quantas horas?

___

d) Meio dia tem quantas horas?

___

e) Três horas têm quantos minutos?

___

4 Resolva as situações-problema.

a) Betina tem de tomar o remédio três vezes ao dia. De quantas em quantas horas ela vai se medicar?

Resposta: ___

b) A aula de Carolina se inicia às 7h30. Ela chegou 25 minutos atrasada. A que horas Carolina chegou?

Resposta: ___

5 Ligue os relógios às horas que eles estão marcando.

a)

3 horas

b)

6 horas

NOME: _____ DATA: _____

Outras medidas de tempo

Para medir o ano, usamos as unidades de medida de tempo **dia**, **semana**, **mês**.
Uma semana tem 7 dias. Os meses podem ter 28, 29, 30 ou 31 dias.
O ano também pode ser dividido em bimestre (2 meses), trimestre (3 meses) e semestre (6 meses).

São suas avaliações do bimestre?

Atividades

1 Escreva o que é pedido em cada item.

a) Ano em que estamos. _____

b) Nome do mês atual. _____

c) Quantidade de sábados e domingos deste mês.
_____

d) Nome do dia da semana em que estamos.
_____

e) Semestre em que estamos. _____

f) Nome dos meses deste semestre.
_____
_____

g) Quantidade de dias do mês de fevereiro deste ano. _____

h) Esse é um ano bissexto? Justifique.
_____
_____

Matemática 215

2 Sublinhe a alternativa que representa a quantidade de dias de uma quinzena.

a) sete dias b) dez dias c) quinze dias

> A década, o século e o milênio também são unidades de medida de tempo.

3 Ligue as colunas corretamente.

a) uma década ● ● 1000 anos

b) um século ● ● 10 anos

c) um milênio ● ● 100 anos

4 Calcule mentalmente e complete as frases.

a) Em um ano há _____ bimestres.

b) Em um ano há _____ trimestres.

c) O ano letivo de uma escola, geralmente, inicia-se em março; portanto, os meses que formam o 2º bimestre dessa escola são _____ e _____.

5 Escreva os meses do ano que pertencem a cada trimestre.

_____

_____

6 Escreva o nome:

a) dos meses que têm 30 dias;

_____

b) dos meses que têm 31 dias.

_____

7 Calcule e responda.

a) Se um ano tem 12 meses, quantos meses há em 5 anos?

_____

b) Se uma década tem 10 anos, quantos anos há em 3 décadas?

_____

Matemática

NOME: _____ DATA: _____

Medidas de massa

As unidades de medida de massa mais utilizadas são o **quilograma** (**kg**) e o **grama** (**g**).
Os múltiplos do grama são: quilograma (**kg**), hectograma (**hg**) e decagrama (**dag**).
Os submúltiplos do grama são: decigrama (**dg**), centigrama (**cg**) e miligrama (**mg**).
O grama é um substantivo masculino, portanto, é correto dizer: trezentos e cinquenta gramas, duzentos gramas.

Atividades

1 De acordo com a unidade de medida em destaque, escreva o nome do múltiplo ou submúltiplo do grama. Veja o exemplo.

a) 1 **dag** = 10 g decagrama

b) 1 **kg** = 1000 g _____

c) 1 **dg** = 0,1 g _____

d) 1 **cg** = 0,01 g _____

e) 1 **hg** = 100 g _____

f) 1 **mg** = 0,001 g _____

2 Escreva por extenso.

a) 2,700 kg _____

b) 345 g _____

c) 5,200 kg _____

Matemática 217

Para transformar uma unidade de medida maior em outra menor, multiplica-se por 10, 100 ou 1 000. Para transformar uma unidade de medida menor em outra maior, divide-se por 10, 100 ou 1 000. Observe o exemplo:

kg	hg	dag	g	dg	cg	mg
1 000 g	100 g	10 g	1 g	0,1 g	0,01 g	0,001 g

3 Efetue as transformações.

a) 478 g = _____ kg

b) 94 kg = _____ mg

c) 30 hg = _____ cg

d) 95 dag = _____ dg

e) 15 cg = _____ g

f) 749 cg = _____ mg

g) 8,45 g = _____ mg

h) 0,5 dag = _____ cg

4 Resolva as situações-problema.

a) O pai de Pedro lhe pediu que fosse ao supermercado e comprasse 5 kg de farinha. Chegando lá, ele verificou que só havia sacos de 250 g. Quantos sacos Pedro terá de levar para atender ao pedido do pai?

Resposta: _____

b) João está arrumando a mala para fazer uma viagem. Ele calculou a massa de cada item que está levando: 105 dag de brinquedos; 1000 g de revistas; 50 hg de roupas; 3 kg de calçados. Qual é o peso total, em quilogramas, que João levará?

Resposta: _____

Matemática

NOME: _____ DATA: _____

Medidas de capacidade

As unidades de medida de capacidade mais utilizadas são o **litro** (**L**) e o **mililitro** (**mL**).
Os múltiplos do litro são: quilolitro (kL), hectolitro (hL) e decalitro (daL).
Os submúltiplos do litro são: decilitro (dL), centilitro (cL) e mililitro (mL).

Atividades

1 Escreva por extenso a unidade de cada múltiplo e submúltiplo do litro.

a) dL _____

b) mL _____

c) daL _____

d) kL _____

e) cL _____

f) hL _____

2 Escreva por extenso as medidas de capacidade presentes nestas embalagens.

a) _____

b) _____

Matemática 219

> Para transformar uma unidade de medida maior em outra menor, multiplica-se por 10, 100 ou 1 000. Para transformar uma unidade de medida menor em outra maior, divide-se por 10, 100 ou 1 000. Observe o exemplo:

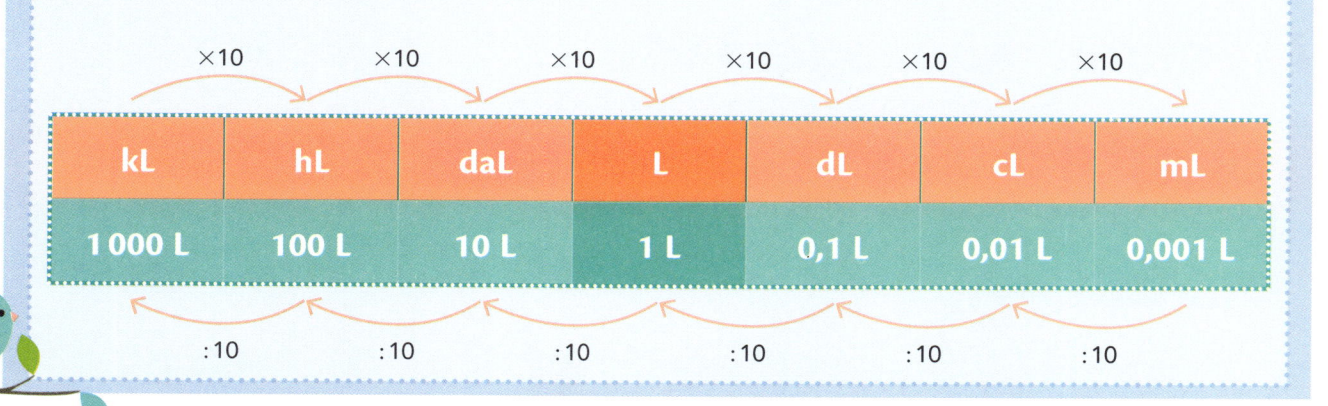

kL	hL	daL	L	dL	cL	mL
1 000 L	100 L	10 L	1 L	0,1 L	0,01 L	0,001 L

3 Efetue as transformações.

a) 3,75 L = _____ mL

b) 70,3 daL = _____ L

c) 24,6 dL = _____ cL

d) 700 mL = _____ L

e) 1500 cL = _____ L

f) 28 kL = _____ L

g) 2,125 dL = _____ mL

h) 1000 mL = _____ L

4 Determine em litros as somas a seguir.

a) $\frac{2}{10}$ cL + 0,1 daL

b) 0,02 kL + 100 cL

5 Resolva as situações-problema a seguir.

a) Clara ordenhou 2 L de leite de sua vaca e o levou para o café da manhã da família. Quantos copos de 200 mL ela encherá?

Resposta: _____

b) Minha avó comprou 1 L de suco. Eu bebi 300 mL e minha irmã bebeu 325 mL. Quantos litros sobraram para minha avó?

Resposta: _____

Medidas de comprimento

As unidades de medida de comprimento mais utilizadas são o **quilômetro** (**km**), o **metro** (**m**) e o **centímetro** (**cm**).
Os múltiplos do metro são: decâmetro (dam), hectômetro (hm) e quilômetro (km).
Os submúltiplos do metro são: decímetro (dm), centímetro (cm), milímetro (mm).

Para transformar uma unidade de medida maior em outra menor, multiplica-se por 10, 100 ou 1 000. Para transformar uma unidade de medida menor em outra maior, divide-se por 10, 100 ou 1 000. Observe o exemplo:

km	hm	dam	m	dm	cm	mm
1 000 m	100 m	10 m	1 m	0,1 m	0,01 m	0,001 m

Atividades

1 Estabeleça a relação entre as medidas de unidade e os valores que correspondem a elas em metros.

A 1 km (um quilômetro). — 10 m

B 1 hm (um hectômetro). — 1 000 m

C 1 dam (um decamêtro). — 100 m

D 1 dm (um decímetro). — 0,01 m

E 1 cm (um centímetro). — 0,001 m

F 1 mm (um milímeto). — 0,1 m

Matemática 221

2 Efetue as transformações.

a) 4 km = _____ m

b) 1,5 km = _____ m

c) 1,90 m = _____ cm

d) 50 m = _____ cm

e) 183 cm = _____ m

f) 350 cm = _____ m

g) 50 mm = _____ cm

h) 1 500 m = _____ km

> **Perímetro** é a medida do comprimento de um contorno. Para fazer o cálculo de um perímetro deve-se somar o comprimento de todos os lados da figura plana. As unidades de medidas são as mesmas da figura.

3 Calcule o perímetro das figuras a seguir.

a) Figura com medidas: 3 cm, 2 cm, 8 cm, 2 cm, 3 cm, 6 cm, 8 cm, 10 cm.

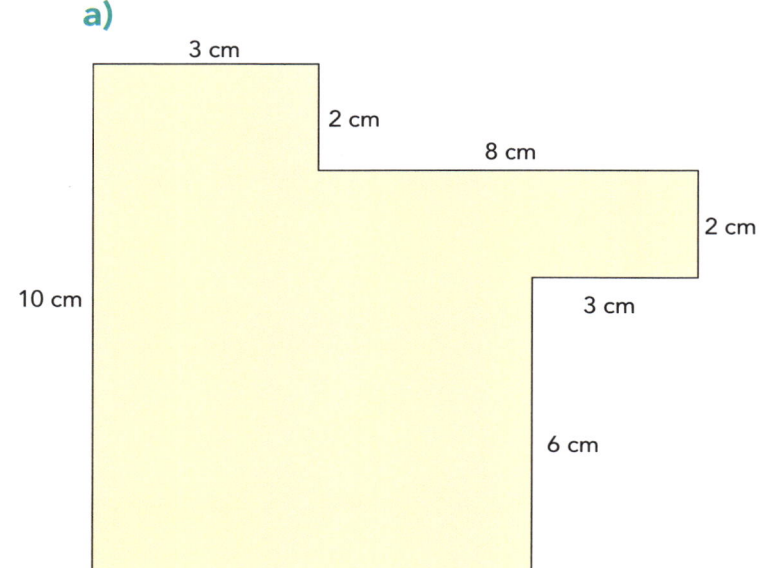

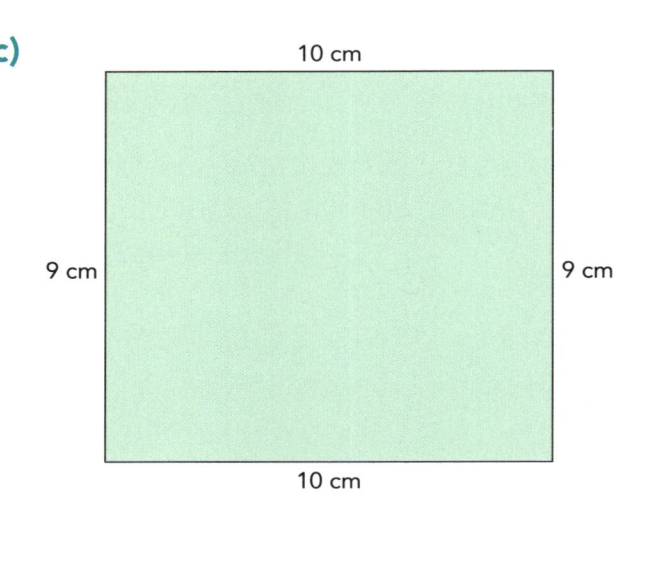

b) Trapézio com medidas: 40 mm, 52 mm, 52 mm, 56 mm.

c) Quadrado com medidas: 10 cm, 9 cm, 10 cm, 9 cm.

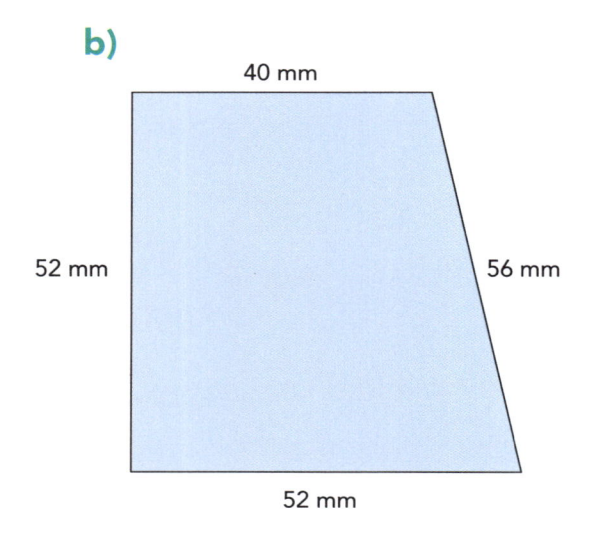

d) Figura com medidas: 3 cm, 1,5 cm, 2 cm, 1,5 cm, 2 cm, 2 cm, 7 cm, 5 cm.

222 **Matemática**

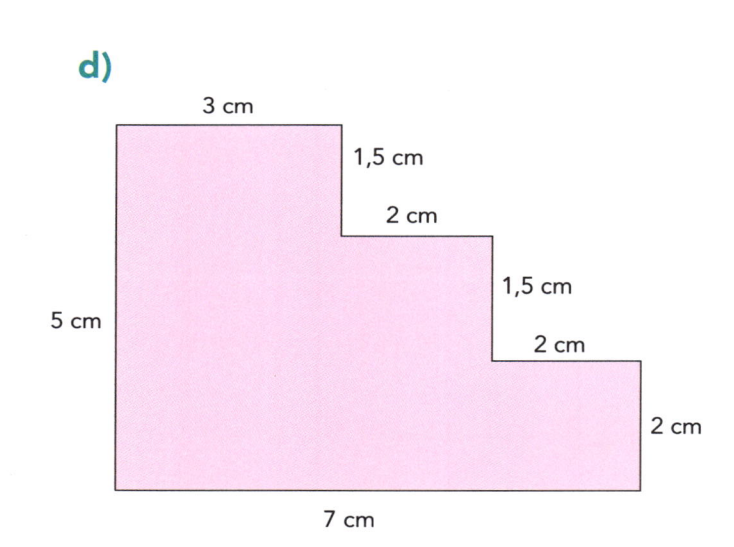

NOME: _____ DATA: _____

Como conhecer nossa história?

Documentos e fontes históricas são usados para conhecer e estudar a história da humanidade.

Vamos ler

Como trabalham os arqueólogos?

Os arqueólogos são cientistas que estudam documentos muito diferentes dos documentos escritos: são pedras, objetos, pinturas em rochas, vestígios de fogueiras há séculos apagadas. Todos esses são documentos de povos que viveram muitos e muitos anos atrás naqueles lugares em que se encontram os vestígios. Em muitos casos, foram povos que não deixaram documentação escrita e cujos hábitos podem ser conhecidos através de análises que os arqueólogos fazem desses materiais.

Disponível em: <http://chc.cienciahoje.uol.com.br/como-trabalham-os-arqueologos/>. Acesso em: jun. 2015.

Arqueólogos trabalham em escavação em São Paulo, São Paulo, 2013.

Atividades

1. De acordo com o texto, os arqueólogos estudam documentos diferentes. Que tipos de documento são esses?

_____

_____

2. Associe cada fonte histórica aos elementos que a caracterizam.

a) fontes orais ☐ Objetos, móveis, construções, roupas, brinquedos etc.

b) fontes escritas ☐ Depoimentos, entrevistas, gravações, histórias contadas etc.

c) fontes materiais ☐ Imagens como desenhos, fotografias, pinturas, filmes etc.

d) fontes iconográficas ☐ Cartas, documentos, diários e outros registros pessoais, jornais, revistas, livros etc.

3 Circule a informação que responde a cada questão.

a) A que tipo de fonte histórica pertencem os documentos referidos no texto?
- Oral.
- Escrita.
- Material.
- Iconográfica.

b) O que um arqueólogo estuda?
- Estuda e analisa vestígios materiais para obter informações sobre culturas antigas e, assim, reconstituir aspectos da vida de antigas populações.
- Estuda e analisa os insetos vivos e todas as suas características.

c) Quais são os outros profissionais que estudam a história da humanidade?
- Historiador.
- Padeiro.
- Antropólogo.
- Floricultor.

4 Pinte os quadros que indicam onde devem ser arquivadas as fontes históricas.

mercearia	biblioteca	museus
arquivos públicos	praia	cinema

5 Dos locais que você pintou, há algum deles em sua cidade?

_____

6 Pesquise e escreva:

a) o nome de um museu de sua cidade;

_____

b) o nome de uma biblioteca pública de sua cidade.

_____

7 Circule as imagens que nos contam como era o passado distante.

a)

b)

c)

d)

NOME: _____ DATA: _____

As Grandes Navegações

Entre os séculos XV e XVI, os espanhóis e portugueses fizeram muitas viagens. Eles traçaram novas rotas no mar e entraram em contato com territórios até então desconhecidos. Foi o período das chamadas Grandes Navegações.

As Grandes Navegações: séculos XV-XVI

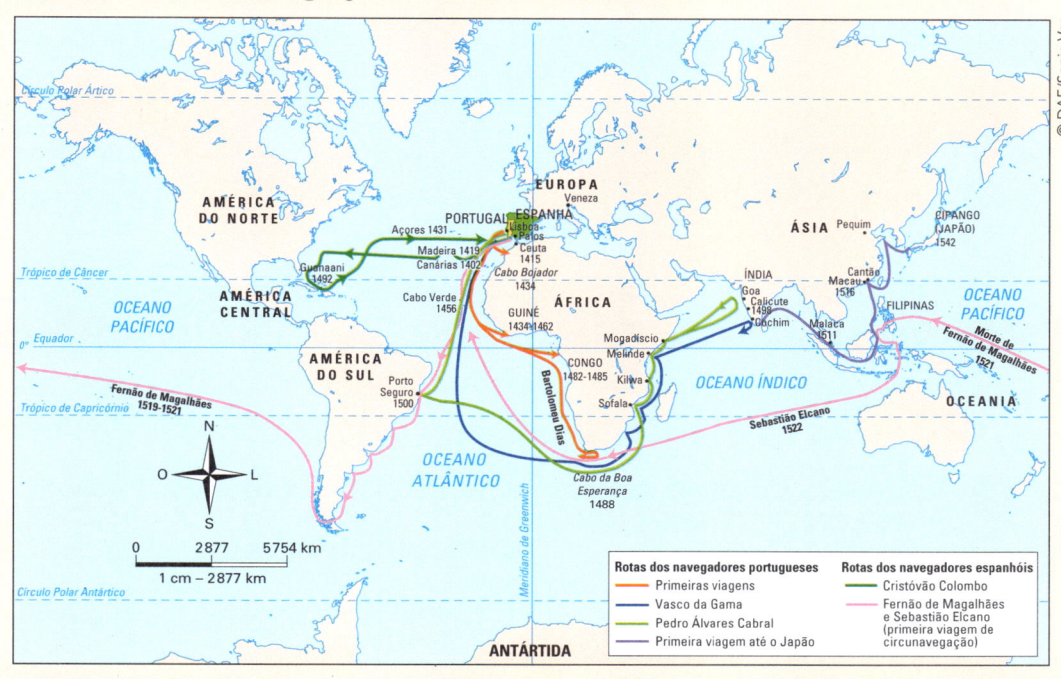

Fontes: José Jobson de A. Arruda. *Atlas histórico básico*. 17. ed. São Paulo: Ática, 2011. p. 19; Claudio Vicentino. *Atlas histórico: geral e Brasil*. São Paulo: Scipione, 2011. p. 90.

Atividades

1 Encontre no diagrama o nome de dez produtos e especiarias que os europeus comercializavam com as Índias.

R	P	O	R	C	E	L	A	N	A	B	D	F	G	H	C
S	R	P	E	R	F	U	M	E	C	w	R	S	-	I	R
E	X	P	I	B	P	I	M	E	N	T	A	F	A	L	A
D	U	G	E	N	G	I	B	R	E	B	H	Y	A	U	V
A	K	N	O	Z	-	M	O	S	C	A	D	A	W	I	O
T	L	M	A R	F	I	M	D	C	A	N	E	L	A	V
M	I	-	A	C	A	T	A	P	E	T	E	P	M	A	E

História 225

2 Escreva **V** para as informações verdadeiras e **F** para as afirmações falsas.

a) ☐ Cristóvão Colombo partiu da Itália com uma esquadra.

b) ☐ As caravelas de Colombo chamavam Pinta, Nina e Tinta.

c) ☐ Colombo desejava descobrir um caminho mais curto para as Índias, dando uma volta no planeta.

d) ☐ Foram os reis da Espanha que financiaram a expedição de Cabral.

e) ☐ Colombo chegou às Índias em 12 de outubro.

f) ☐ A expedição de Colombo chegou à Ilha de San Salvador.

g) ☐ O povo nativo da terra foi denominado de "índio" pelos portugueses.

h) ☐ Anos depois da viagem de Colombo, o também navegador Américo Vespúcio descobriu que as terras encontradas por Colombo não eram as Índias, e sim um novo continente que até então os europeus desconheciam. Vespúcio nomeou esse continente de América.

3 Ligue cada item das colunas de forma a completar as informações.

a) esquadra •   • Antigos navios mercantes ou de guerra.

b) naus •   • Grupo que se destina a explorar, pesquisar.

c) expedição •   • Conjunto de navios.

4 Escreva o nome das naus que fizeram parte da esquadra de Cristóvão Colombo.

_____

5 Observe as imagens dos aparelhos utilizados nas grandes embarcações e escreva o nome deles. Utilize as palavras do banco de palavras.

bússola – astrolábio – mapa

a) _____ b) _____ c) _____

226 **História**

NOME: _____ DATA: _____

Ilha! Terra! Brasil: Cabral chegou!

Dom Manuel, rei de Portugal, financiou em 1500 uma expedição, comandada pelo português Pedro Álvares Cabral, que saiu de Lisboa e contornou a África com destino às Índias. Durante a viagem, Cabral desviou da rota traçada e, em 22 de abril de 1500, desembarcou na terra que mais tarde seria chamada de Brasil.

Mauricio de Sousa. *Turma da Mônica descobrindo o Brasil*. Rio de Janeiro: Globo, 2000. p. 8-9.

Atividades

1) Indique a resposta correta pintando o quadro com as cores da legenda.

- 🟥 Nome que os nativos davam às terras em que os europeus chegaram.
- 🟧 País que enviou a expedição de Cabral.
- 🟩 Oceano em que Cabral navegou para chegar aqui.
- 🟦 Mês em que os portugueses chegaram às terras que hoje é o Brasil.
- 🟫 Primeiro nome dado pelos portugueses à terra que encontraram.
- 🟪 Segundo nome dado pelos portugueses a essa terra.
- 🟨 Árvore que deu origem ao nome Brasil.

pau-brasil	Ilha de Santa Cruz	Ásia
Pindorama	Portugal	abril
Atlântico	Pinheiros	Terra de Vera Cruz

História 227

2 Responda às questões a seguir.

a) O que os portugueses ergueram para simbolizar a posse do território para Portugal?

_____

_____

b) Como se chamava o escrivão da esquadra de Cabral que escreveu o primeiro documento do Brasil?

_____

_____

3 Circule a informação correta em cada item.

a) Primeiro documento do Brasil.
- Carteira de Identidade
- Carta
- Passaporte

b) Produto extraído do tronco do pau-brasil.
- corante vermelho
- óleo
- látex

c) Quantidade de caravelas da expedição de Cabral.
- 5 caravelas
- 10 caravelas
- 3 caravelas

4 Trace o caminho que Pedro Álvares Cabral fez ao sair de Portugal até chegar às nossas terras.

Rotas de Cabral

Fontes: José Jobson de A. Arruda. *Atlas histórico básico*. 17. ed. São Paulo: Ática, 2011. p. 19; Claudio Vicentino. *Atlas histórico: geral e Brasil*. São Paulo: Scipione, 2011. p. 90.

História

NOME: _____ DATA: _____

A "nova terra" já era habitada

As terras que hoje são chamadas de Brasil já eram habitadas quando os portugueses chegaram. Os nativos foram chamados pelos portugueses de índios. Naquela época havia muitos grupos indígenas no território, cada qual com sua organização social, seu modo de vida, sua língua, seus costumes e suas tradições.

Oscar Pereira da Silva. *Desembarque de Cabral em Porto Seguro em 1500*, 1904. Óleo sobre tela, 3,30 × 1,90 m.

Atividades

1 Escreva a primeira letra do nome de cada figura e descubra com qual grupo indígena os portugueses fizeram o primeiro contato.

2 Circule o adjetivo que Pero Vaz de Caminha utilizou, na carta enviada ao rei de Portugal, para descrever a cor da pele dos nativos.

a) brancos   b) negros   c) pardos

História 229

3 Encontre no diagrama o nome de cinco grupos indígenas.

T	U	P	I	S	A	C	Y	Á	S
M	U	N	D	U	R	U	K	U	S
C	A	R	I	R	I	S	W	H	J
R	T	S	A	I	M	O	R	É	S
X	H	C	A	R	I	J	Ó	S	X

4 Marque um **X** nas informações corretas.

a) ☐ Todos os povos indígenas falavam a mesma língua.

b) ☐ A organização das aldeias e os tipos de habitação de cada grupo eram diferentes.

c) ☐ As índias cuidavam das crianças, cozinhavam, semeavam, colhiam e teciam.

d) ☐ Alguns povos indígenas eram nômades, ou seja, não se fixavam em um lugar, porque buscavam sempre locais em que houvesse mais fartura de alimentos.

e) ☐ Normalmente, toda aldeia tinha um presidente e 35 ministros.

f) ☐ Milho, amendoim, mandioca, abóbora, feijão e batata-doce eram produtos cultivados pelos indígenas.

g) ☐ Os indígenas estavam sempre bem vestidos, com botas, chapéus e luvas.

h) ☐ Alguns grupos indígenas vivem hoje em reservas demarcadas pelo Governo Federal.

i) ☐ Os indígenas que vivem no Brasil atualmente são de outros países.

j) ☐ Os povos indígenas que vivem hoje no Brasil são cidadãos brasileiros, portanto deveriam ter seus direitos e deveres assegurados.

Vamos ler

Mistureba!

Os índios atuais absorveram diversas práticas que não pertencem à sua cultura. Muitas crianças indígenas frequentam escolas, mantidas nas aldeias pela Fundação Nacional do Índio, e aprendem o português. Mas isso não quer dizer que os indígenas tenham abandonado suas tradições, como os rituais religiosos e as danças. [...]

Disponível em: <http://chc.cienciahoje.uol.com.br/como-vivem-os-indios-hoje>. Acesso em: jun. 2015.

5 Na cidade ou no estado em que você mora há alguma comunidade indígena? Pesquise e, se houver, escreva no caderno o nome dela e o modo como se organiza atualmente.

NOME: _____ DATA: _____

A posse, a divisão das terras e o primeiro governo do Brasil

O rei de Portugal, Dom Manuel, enviou expedições para a colônia portuguesa na América a fim de descobrir se havia riquezas a explorar, patrulhar o litoral e colonizá-lo, iniciando assim o povoamento com portugueses vindo para viver no território.

Derrubada do pau-brasil em ilustração da obra *Cosmografia universal*, de André Thevet, 1575.

Atividades

1 Numere a 2ª coluna de acordo com a 1ª.

1 expedições exploradoras

☐ Tinham o objetivo de patrulhar o litoral e aprisionar os navios que tentavam contrabandear pau-brasil.

2 expedições guarda-costas

☐ Tinham o objetivo de expulsar os contrabandistas, procurar metais preciosos e iniciar o povoamento de portugueses no litoral.

3 expedições colonizadoras

☐ Tinha o objetivo de fazer o reconhecimento do litoral.

2 Circule o nome da primeira vila fundada na colônia e onde está localizada atualmente.

a) São Vicente/Alagoas
b) São Vicente/São Paulo
c) São Francisco/São Paulo
d) Olinda/Pernambuco

História 231

3 Observe os mapas e marque um **X** naquele que mostra como o rei de Portugal, D. João III, dividiu o território da colônia.

Brasil: político

Fonte: *Atlas geográfico escolar*. 6. ed. Rio de Janeiro: IBGE, 2012. p. 90.

Brasil: capitanias hereditárias

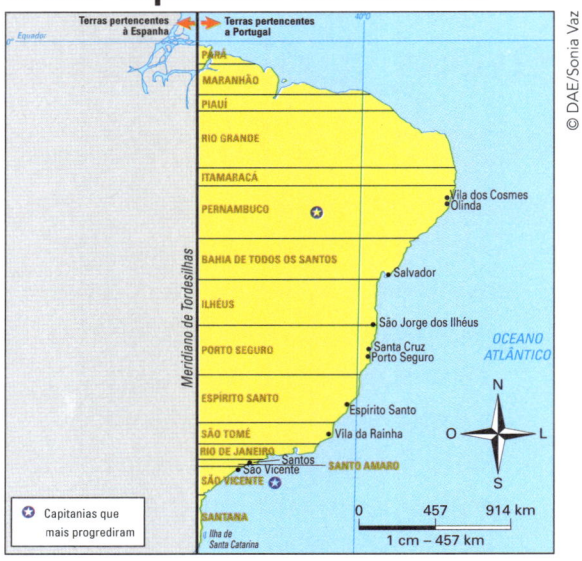

Fonte: José Jobson de A. Arruda. *Atlas histórico básico*. 17. ed. São Paulo: Ática, 2011. p. 36.

4 Responda às questões a seguir.

a) Quais capitanias hereditárias prosperaram?

_____

b) Depois das capitanias, qual foi o sistema administrativo de governo que D. João III adotou?

_____

5 Indique a resposta correta pintando os quadros com as cores da legenda.

- 🟩 Nome do primeiro governador-geral da colônia portuguesa.
- 🟧 Primeira cidade fundada e também sede administrativa, capital da colônia.
- 🟦 Nome do segundo governador-geral.
- 🟧 Governador-geral que expulsou os franceses e fundou a cidade do Rio de Janeiro.
- 🟨 Padre que iniciou a educação na colônia e, com José de Anchieta, fundou São Paulo.
- 🟪 Primeiro tipo de agricultura explorado pelos portugueses na colônia.

Duarte da Costa	Salvador	Tomé de Souza
Manoel da Nóbrega	Mem de Sá	cana-de-açúcar

232 **História**

NOME: _____ DATA: _____

Brasil e África: escravidão

No período da colonização, o cultivo da cana-de-açúcar se desenvolveu muito. Além de escravizar os indígenas, Portugal iniciou o tráfico e o comércio de escravos capturados em diversos reinos do continente africano.

Johann Moritz Rugendas. *Negros no porão do navio*, 1822-1825. Litografia colorida à mão, 29,5 × 35,4 cm.

Johann Moritz Rugendas. *Mercado de negros*, 1835. Litografia, 19,2 × 28,5 cm.

Atividades

1) Circule a informação correta em cada questão.

a) Transporte usado pelos europeus para trazer os escravos para o Brasil.
- trem de carga
- avião do exército
- navio negreiro

b) Local onde era produzido o açúcar.
- engenho
- lavoura
- pelourinho

c) Profissão da pessoa contratada para vigiar e castigar os escravos.
- mordomo
- feitor
- padre

d) Tempo que, aproximadamente, durou a escravidão no Brasil.
- 100 anos
- 500 anos
- 300 anos

História 233

2 Ligue as colunas para completar as informações.

a) tráfico ●   ● Aquele que está sujeito a um senhor e é propriedade dele.

b) escravo ●   ● Moradia dos escravos.

c) pelourinho ●   ● Comércio, negócio ilegal.

d) senzala ●   ● Coluna de pedra ou de madeira situada em praça ou outro lugar público onde se expunham ou castigavam criminosos.

> Mesmo sendo obrigados pelos colonizadores a negar sua cultura, os africanos escravizados influenciaram a cultura e os costumes brasileiros.

3 Onde podemos encontrar exemplos da influência africana em nosso cotidiano?

_____

_____

4 Observe o mapa atual do continente africano e circule nele os países da África citados na música.

África

Quem não sabe onde é o Sudão
Saberá
A Nigéria o Gabão
Ruanda
Quem não sabe onde fica o Senegal,
A Tanzânia e a Namíbia,
Guiné-Bissau
Todo o povo do Japão
Saberá
[...]

África. Sandra Peres, Paulo Tatit e Arnaldo Antunes. CD *Pé com pé*. Palavra Cantada. Rosa Celeste.

África: político

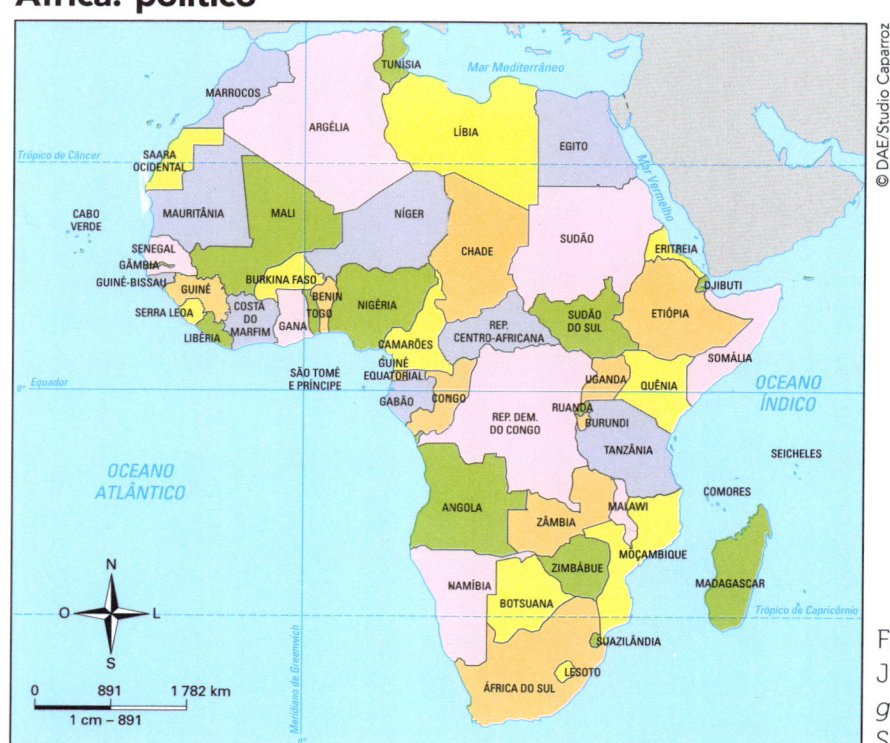

Fonte: Gisele Girardi e Jussara Vaz Rosa. *Atlas geográfico do estudante*. São Paulo: FTD, 2011. p. 101.

NOME: _____ DATA: _____

Os bandeirantes

No decorrer da colonização, o governo de Portugal organizou expedições para o interior das terras que hoje são o Brasil com o objetivo de procurar ouro e escravizar indígenas. Essas expedições partiam do litoral e eram chamadas de entradas. Além dessas viagens, outras expedições organizadas por particulares saíam das regiões de São Paulo e São Vicente rumo ao sertão com os mesmos objetivos. Como não eram organizadas por Portugal, o lucro dessas expedições, chamadas de bandeiras, ficava com os próprios colonos.

Antônio Parreiras. *Conquista do Amazonas*, 1907. Óleo sobre tela, 9 × 4 m.

Atividades

1. Circule a informação correta em cada item.

    a) Outras riquezas minerais procuradas pelos bandeirantes além do ouro.
    - petróleo
    - prata e pedras preciosas
    - granito

    b) Expedições que contribuíram para aumentar o território português, ocupando o território que pertencia aos espanhóis.
    - entradas
    - bandeiras
    - excursões

    c) Atividade bastante lucrativa desenvolvida no interior do território onde hoje é a Região Nordeste.
    - criação de gado
    - cultivo do milho
    - criação de galinha

    d) Nome pelo qual o Rio São Francisco ficou conhecido por causa dessa atividade.
    - Rio das Contas
    - Rio dos Currais
    - Rio do Jacaré

História

2 Ligue as colunas para completar as informações.

a) reduções jesuíticas ●   ● Conflito entre fazendeiros e indígenas que resistiram à ocupação das terras.

b) Guerra dos Bárbaros ●   ● Atividade econômica que consistia em conduzir o gado e as mercadorias de uma região a outra, percorrendo grandes distâncias.

c) tropeirismo ●   ● Povoados organizados por padres jesuítas para educar os indígenas de acordo com os princípios da Igreja Católica.

3 Escreva o que se pede em cada item.

a) Nome de alguns povoados ou cidades atuais onde o ouro foi encontrado.

_____

_____

b) Nome de produtos agrícolas que foram cultivados para alimentar a população que vivia da mineração.

_____

_____

c) Nome da nova sede do governo-geral, que foi transferida por causa da atividade de mineração.

_____

4 Marque um **X** nas informações corretas.

a) ☐ A região que hoje forma o estado de Minas Gerais foi onde mais se encontrou ouro.

b) ☐ Os bandeirantes contribuíram para a exterminação de muitos indígenas.

c) ☐ Os bandeirantes respeitavam os indígenas.

5 Pesquise o nome de alguns bandeirantes que se destacaram na ocupação do interior e na expansão territorial.

_____

_____

6 Circule o nome dos atuais estados que, por meio da ação dos bandeirantes, foram incorporados às terras portuguesas. Esses estados ficavam do lado espanhol, de acordo com o Tratado de Tordesilhas.

a) Paraná   c) Santa Catarina

b) Acre   d) Rio Grande do Sul

História

NOME: _____ DATA: _____

Da colônia ao império

A atividade mineradora do século XVIII intensificou rapidamente o desenvolvimento urbano no Brasil, resultando na formação de povoados e vilas que, posteriormente, se tornaram cidades. A exploração das minas expandiu a agricultura e a atividade de criação de animais, como porcos e galinhas, e originou o comércio ambulante. Em contrapartida a esses avanços, surgiram muitos problemas e conflitos.

Carlos Julião.
Extração de diamantes, c. 1776.
Aquarela colorida, 37,1 × 26,6 cm.

Atividades

1 Escreva o nome do conflito de acordo com os acontecimentos citados. Consulte o banco de palavras.

> Guerra dos Emboabas – Revolta de Filipe dos Santos –
> Conjuração Mineira – Conjuração Baiana ou dos Alfaiates.

a) Aconteceu em Vila Rica, atual cidade de Ouro Preto. Foi desencadeada por causa da Derrama, uma forma de a Coroa Portuguesa cobrar mais impostos da mineração. O objetivo dessa revolta foi tornar Minas Gerais independente de Portugal.

_____

b) Aconteceu em Minas Gerais. Os paulistas, por terem descoberto ouro na região, não queriam que pessoas de outros lugares explorassem as minas.

_____

c) Aconteceu em Salvador. O objetivo era proclamar a república, diminuir os impostos, aumentar os salários e dar liberdade e igualdade para todos, além de acabar com o preconceito.

_____

História 237

d) Aconteceu em Vila Rica, atual cidade de Ouro Preto. O objetivo era reduzir o preço dos alimentos, acabar com as casas de fundição e a cobrança dos altos impostos.

> O rei D. João VI, temendo que Portugal fosse invadido pela França, mudou-se para o Brasil com toda a Corte portuguesa, transferindo para a colônia a sede de seu governo. Além da Corte vieram também servos, funcionários, nobres e militares.

2 Marque um **X** nas informações corretas.

a) O motivo para a sede do governo-geral mudar de Salvador para o Rio de Janeiro em 1763 foi a localização do:
- ☐ aeroporto que foi inaugurado.
- ☐ porto, de onde saíam os navios que levavam o ouro para a Europa.

b) Tipo de relação comercial de importação e exportação que havia entre Brasil e Portugal.
- ☐ monopólio
- ☐ competição mercantil

c) Nome do príncipe regente de Portugal que se mudou para o Brasil em 1808 e passou a administrar a colônia diretamente.
- ☐ Napoleão Bonaparte
- ☐ D. João

d) Mudanças que ocorreram no Brasil com a vinda da família real.
- ☐ Abertura dos Portos
- ☐ inauguração do metrô
- ☐ alargamento de ruas
- ☐ coleta de esgotos
- ☐ energia elétrica
- ☐ criação do Banco do Brasil
- ☐ criação do Horto Municipal
- ☐ criação da Imprensa Régia
- ☐ criação da Biblioteca Nacional
- ☐ criação do Museu Nacional
- ☐ abastecimento de água
- ☐ construção de usinas

e) Maior desafio que Dom João enfrentou no Brasil.
- ☐ Insurreição Pernambucana, revolta motivada pelas altas taxas cobradas pelo comércio de açúcar.
- ☐ Retirar o ouro do Brasil.

3 Escreva com suas palavras por que Dom Pedro, filho de Dom João VI, proclamou em 7 de setembro de 1822 a independência do Brasil.

_____
_____
_____

NOME: _____ DATA: _____

Novas formas de governo: império e regências

O governo do imperador D. Pedro I não foi tranquilo. Muitas províncias não aceitaram a emancipação do Brasil, assim como Portugal e outros países. Em decorrência disso, aconteceram muitas batalhas.

François-René Moreaux. *A Proclamação da Independência*, 1844. Óleo sobre tela, 2,44 × 3,08 m.

Atividades

1 Marque um **X** nas informações corretas.

a) Forma de governo do Brasil após a Proclamação da Independência.
- ☐ presidencialismo
- ☐ monarquia hereditária constitucional
- ☐ ditadura

b) Título de D. Pedro após ser aclamado e coroado.
- ☐ rei
- ☐ deputado
- ☐ imperador

c) A Primeira Constituição do Brasil a ser vigorada foi:
- ☐ elaborada pela Assembleia Constituinte.
- ☐ imposta pelo governante, sem consulta ao povo, ou seja, outorgada.

História

d) Constituição é um:

☐ conjunto de leis, normas e regras que organiza e regula o funcionamento de um país, estabelecendo, ainda, os direitos e deveres dos cidadãos que vivem nele.

☐ conjunto de hinos de um país.

> Havia muitos motivos de descontentamento nas províncias, o que fez com que D. Pedro I renunciasse ao trono brasileiro em favor de seu filho Pedro de Alcântara.

2 Sublinhe as frases que indicam alguns desses motivos.

a) Dívida contraída com a Inglaterra para pagar a indenização da independência.
b) Saudades de Portugal.
c) Queda constante do preço do açúcar e do algodão.
d) Inflação alta.
e) Excesso de autoritarismo.

3 Responda às questões a seguir.

a) Qual foi o motivo para Pedro de Alcântara não assumir o trono, deixando o governo do Brasil para os regentes?

_____

b) Como ficou conhecido o período em que as regências governaram o Brasil?

_____

4 Relacione cada regência a seu governador.

1 Regência Una de Feijó	☐	Araújo Lima
2 Regência Trina Permanente	☐	governada por senadores
3 Regência Trina	☐	padre Diogo Araújo Feijó
4 Regência Una de Araújo Lima	☐	Francisco de Lima e Silva

> O autoritarismo do governo regencial e a crise econômica pela qual o Brasil passava provocaram grandes revoltas.

5 Cite duas das principais revoltas desse período.

_____

O Império de D. Pedro II

O período chamado de Segundo Reinado refere-se ao tempo em que o Brasil foi governado por Dom Pedro II, que assumiu o trono aos 14 anos, quando teve sua maioridade antecipada. Nessa época, marcada por um único grande conflito, expandiram-se muito os setores econômico e social, além do território.

Félix Taunay. *Pedro*, c. 1837. Óleo sobre tela, 202,5 × 131,4 cm.

Atividades

1) Encontre no diagrama de palavras o nome de dois avanços tecnológicos que Dom Pedro II incorporou e popularizou.

U	C	Z	Q	R	X	A	L	U	E
T	E	L	E	F	O	N	E	D	G
W	B	O	R	M	I	Y	A	W	C
F	O	T	O	G	R	A	F	I	A

2) Escreva **V** para as informações verdadeiras e **F** para as falsas.

a) ☐ A Guerra do Paraguai foi o maior conflito do Segundo Reinado e da América do Sul.

b) ☐ O governador do Paraguai, Solano López, queria impedir que embarcações brasileiras navegassem pelo Rio Paraguai.

c) ☐ A intenção do governo paraguaio era aumentar seu território apossando-se de terras de países vizinhos.

d) ☐ O Brasil uniu-se ao Uruguai e à Argentina em guerra contra o Paraguai. Foi o chamado Tratado da Tríplice Aliança.

História

3 Organize as letras e encontre o principal produto econômico do Segundo Reinado, que proporcionou o desenvolvimento do interior do país.

F É A C _____

Jean Baptiste Debret. *Carregadores de café a caminho da cidade*, 1826. Aquarela, 15,4 × 19,6 cm.

> O café era o principal produto de exportação do Brasil. Com o lucro obtido com ele, foram feitos mais investimentos em outros setores, como criação de gado, outros cultivos agrícolas e indústria.

4 Escreva embaixo das imagens o nome das outras atividades econômicas que ganharam impulso no Segundo Reinado.

Rio de Janeiro, século XIX.

Minas Gerais, c. 1890.

a) _____ b) _____

5 Leia o trecho da matéria "De trem pelas montanhas" e escreva o que Dom Pedro II construiu no Brasil.

[...] Nosso imperador ficou muito animado quando soube que, na Áustria, um engenheiro havia conseguido o que até então se considerava impossível: construir uma ferrovia sobre uma cadeia de montanhas. Curioso que era, tratou de experimentar a viagem! No dia 10 de outubro de 1871, às seis horas da manhã, embarcaram ele e sua esposa, Dona Teresa, no famoso trem de Semmering com destino a Trieste, o mais importante porto do império austríaco naquele momento. [...]

Gloria Kaiser. De trem pelas montanhas. Revista *Ciência Hoje das Crianças*, Rio de Janeiro: Instituto Ciência Hoje, ano 26, n. 243, p. 3, 2013.

242 História

NOME: _____ DATA: _____

Segundo Império: novas conquistas

As ideias abolicionistas começaram a ser defendidas na Europa e chegaram ao Brasil no século XIX.

Com o crescimento das plantações de café, foi preciso outro tipo de mão de obra para trabalhar na lavoura. Nesse mesmo período, a Europa passava por uma grande crise econômica, o que favoreceu a vinda de muitos imigrantes europeus para o Brasil, com o sonho de encontrar trabalho e levar uma vida tranquila.

Imigrantes italianos no pátio central da Hospedaria dos Imigrantes (atual Memorial do Imigrante), em São Paulo, c. 1890.

Atividades

1 Circule a informação correta em cada item.

a) Significado da palavra imigração.
- Continuar vivendo em seu país de origem.
- Entrada de indivíduo estrangeiro em um país que não é o seu de origem para trabalhar ou fixar residência.

b) Motivo que fez os cafeicultores recorrerem à vinda de imigrantes europeus para trabalhar na lavoura do café no Brasil do século XIX.
- Proibição do tráfico de escravos.
- Visitar o Brasil.

c) Primeiros imigrantes europeus que chegaram como mão de obra nessa época para trabalhar na lavoura.
- italianos
- alemães
- franceses
- russos
- espanhóis
- turcos

d) Principais locais onde os imigrantes se estabeleceram.
- Amazonas
- São Paulo
- Paraná
- Santa Catarina
- Rio Grande do Sul
- Brasília
- Mato Grosso
- Roraima
- Rio de Janeiro

História 243

> Por volta de 1850 houve um grande investimento na modernização do Brasil, que se refletiu no crescimento urbano, nos setores de serviço e na indústria, principalmente na porção sudeste do país.

e) Benfeitorias para o cotidiano de algumas cidades.
- iluminação nas ruas
- lojas
- cinemas
- livrarias
- salões de café
- transporte

f) Material utilizado para iluminar as ruas.
- lâmpadas
- velas
- lampiões a gás

g) Problemas decorrentes do crescimento das cidades.
- falta de água
- abertura de lojas
- presença de ratos e insetos
- doenças
- falta de serviço de esgoto
- livrarias

2 Ligue as leis abolicionistas às suas determinações.

a) Lei Bill Aberdeen ● ● Estabelecia que filhos de escravos que nascessem a partir de 28 de setembro de 1871 seriam livres.

b) Lei do Ventre Livre ● ● Estabelecia o fim da escravidão no Brasil.

c) Lei dos Sexagenários ● ● Proibia tráfico de escravos.

d) Lei Áurea ● ● Estabelecia liberdade aos escravos com mais de 60 anos.

3 Responda às questões a seguir.

a) Quem assinou a Lei Áurea? Quando isso ocorreu?
_____

b) Como viveram os recém-libertos após a proclamação da Lei Áurea?
_____
_____
_____

4 Recentemente foi instituído um dia no calendário brasileiro dedicado à memória dos negros e à reflexão sobre a atuação deles na sociedade. Pesquise e descubra que dia é esse, a quem ele homenageia e por quê.
_____
_____
_____

História

NOME: _____ DATA: _____

Município: uma divisão territorial

Município é uma divisão territorial e é a menor unidade administrativa de um estado.

Os **estados** reúnem em seu território diversos municípios, que compõem a área de um **país**.

O país onde vivemos é o Brasil.

Roraima: municípios

Fonte: IBGE Cidades. Disponível em: <cidades.ibge.gov.br/xtras/uf.php?lang=&coduf=14&search=roraima>. Acesso em: jun. 2015.

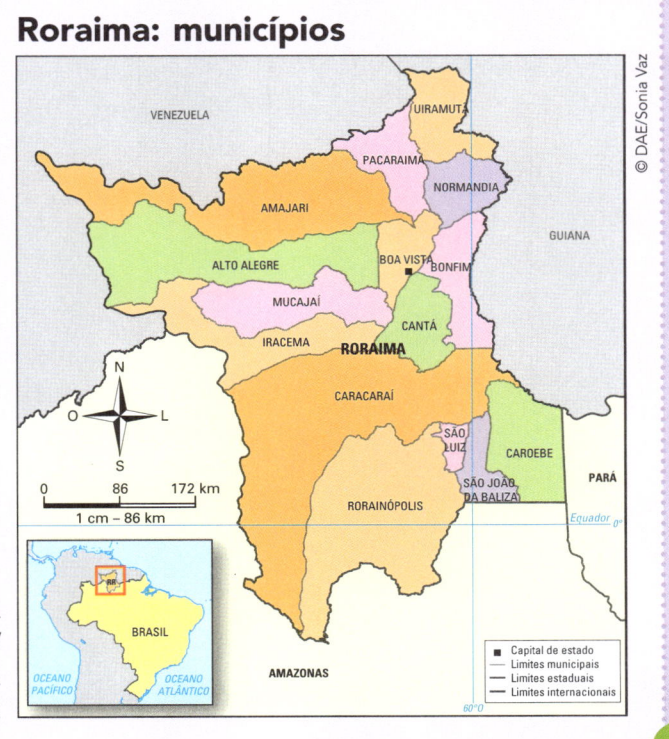

Atividades

1 Responda às questões a seguir.

a) Qual é o nome de seu município?
_____

b) Qual é o nome do estado em que seu município está localizado?
_____

c) Você mora na zona urbana ou na zona rural de seu município?
_____

O território brasileiro é dividido em 26 estados e um Distrito Federal, onde fica Brasília, a capital do país. Cada estado tem sua capital, onde se localiza a sede do governo estadual.

Geografia 245

2 Identifique e pinte no mapa do Brasil o estado onde está localizado o município em que você nasceu. Depois, pinte de outra cor os estados que fazem limite com ele.

Brasil: estados

Fonte: *Atlas geográfico escolar*. Rio de Janeiro: IBGE, 2012. p. 90.

3 Ligue corretamente as colunas.

a) zona urbana ● ● Concentra atividades relacionadas à pecuária, à agricultura, ao extrativismo etc.

b) zona rural ● ● Grande área urbana que concentra diversas atividades econômicas, influenciando outras cidades.

c) metrópole ● ● Concentra atividades comerciais e industriais.

d) limite ● ● É sede do município.

e) cidade ● ● Linha que delimita e separa uma porção de terra de outra. Pode ser natural ou construído pelos seres humanos.

4 Pinte os quadros de acordo com a legenda.

▬ Limite natural.
▬ Limite construído pelos seres humanos.

rio	placa	montanha
ponte	estrada	marco

Geografia

NOME: _____ DATA: _____

Administração pública

A administração dos municípios, dos estados e do país é feita pelos representantes do povo escolhidos durante o processo de eleições.
No Brasil, a administração pública se organiza em três poderes.

Mauricio de Sousa. *Saiba mais! Sobre as Eleições*. São Paulo: Panini, n. 37, p. 32, 2010.

Atividades

1 Numere as informações de acordo com a legenda.

1 Poder Executivo   **2** Poder Legislativo   **3** Poder Judiciário

a) ☐ Poder responsável por elaborar, debater e fiscalizar as leis.

b) ☐ Poder responsável pelo cumprimento e julgamento de casos de desrespeito à lei.

c) ☐ Poder responsável por governar e administrar os interesses públicos.

d) ☐ Tem como representantes os juízes federais e estaduais.

e) ☐ Tem com representantes os prefeitos, os governadores e o presidente.

f) ☐ Tem com representantes os vereadores, os deputados e os senadores.

Geografia

2 Complete adequadamente as informações a seguir utilizando as palavras do quadro.

> presidente – governador – prefeito – voto – Constituição – juiz

a) O _____ é o representante do Poder Executivo encarregado de executar as leis e administrar o município com o dinheiro arrecadado por meio de impostos, investindo em obras e serviços públicos para a população.

b) É por meio do _____ que os eleitores elegem seus representantes nos poderes Executivo e Legislativo.

c) O _____ é o representante do Poder Executivo encarregado de administrar um estado.

d) O _____ é um dos representantes do Poder Judiciário, que garante o cumprimento das leis criadas pelo Poder Legislativo.

e) A _____ é o maior e mais importante conjunto de leis de um país. É esse conjunto de leis que estabelece a organização política e administrativa do país.

f) O _____ é o representante do Poder Executivo encarregado de administrar um país.

3 Pesquise as informações a seguir e escreva-as.

a) Nome do atual presidente do Brasil.

b) Nome do governador do estado onde você mora.

c) Tempo que vigora o mandato de um prefeito ou governador.

d) Idade mínima obrigatória para um cidadão votar no Brasil.

4 Numere as informações de acordo com a legenda.

1 eleitor   **2** Câmara Municipal   **3** vice-prefeito

☐ Local onde trabalham os vereadores.

☐ Pessoa eleita pelo povo com a função de substituir o prefeito, quando necessário.

☐ Cidadão que escolhe seu representante político por meio do voto.

NOME: _____ DATA: _____

Pontos cardeais

Os **pontos cardeais** – norte, sul, leste e oeste – são as referências que seguimos para nos localizar e orientar.

Atividades

1 Circule o nome dos elementos que servem como ponto de referência para localização e orientação.

a) chuva
b) estrelas
c) Sol
d) Lua
e) fogo
f) árvores

2 Escreva o nome do símbolo utilizado em mapas para indicar os pontos cardeais.

Geografia 249

3 Complete a frase com os pontos cardeais corretos.

- De pé, com o braço direito esticado para o local onde o Sol nasce, temos o ponto cardeal _____; à nossa esquerda, temos o _____; à nossa frente, temos o _____; atrás de nós, temos o _____.

4 Organize as sílabas e encontre o nome de um importante instrumento que possibilita a orientação independentemente das condições climáticas.

SOLABÚS

_____

5 Ligue o termo em destaque à sua definição.

● Direções que ficam entre os pontos cardeais.

pontos colaterais

● Pontos de observação dos cardeais.

6 Complete a rosa dos ventos com os pontos cardeais e colaterais. Depois, relacione as colunas.

1	NE		noroeste (entre norte e oeste)
2	SE		sudoeste (entre sul e oeste)
3	NO		nordeste (entre norte e leste)
4	SO		sudeste (entre sul e leste)

7 Pesquise e escreva o que se pede.

- Aparelho eletrônico que obtém informações de satélites, muito utilizado por motoristas para a localização de determinado endereço ou lugar.

250 **Geografia**

A Terra não está parada

Assim como os outros corpos que compõem o Universo, a Terra não está imóvel. Os dois principais movimentos feitos por nosso planeta são chamados de **rotação** e **translação**.

Atividades

1) Marque um **X** na informação correta em cada questão.

a) Tempo que a Terra leva para girar em torno de seu eixo imaginário.

☐ 12 horas ☐ 24 horas ☐ 34 horas

b) Nome desse movimento.

☐ reação ☐ remoção ☐ rotação

c) Como é possível perceber a ocorrência desse movimento?

☐ Sucessão de dias e noites. ☐ Sucessão de chuva e neve.

2) Observe a imagem e escreva o nome do movimento que a Terra está realizando.

Geografia 251

3 Responda às questões a seguir.

a) Como ocorre o movimento de translação?

_____

b) Quanto tempo a Terra leva para completar esse movimento?

_____

c) Como percebemos esse movimento?

_____

4 Escreva o nome da estação de acordo com algumas características físicas e climáticas do Brasil.

a) Entre dezembro e março, período mais quente do ano, dias mais longos e noites mais curtas: _____.

b) Entre março e junho, período de transição entre a estação mais quente e a mais fria: _____.

c) Entre setembro e dezembro, período de transição entre a estação mais fria e a mais quente: _____.

d) Entre junho e setembro, período mais frio. Os dias são mais curtos e as noites mais longas: _____.

5 Observe a cena e explique com suas palavras por que os personagens estão usando agasalhos e roupas pesadas.

"A temperatura está quente!"

"Que calor!"

_____
_____
_____
_____

Geografia

NOME: _____ DATA: _____

Diferentes relevos, diferentes paisagens

Relevos são as diferentes formas da superfície terrestre. Tais feições são resultado da ação tanto de elementos naturais (vento, chuva, terremotos, erupções vulcânicas etc.) quanto da sociedade.

Diferentes formas de relevo em paisagem de Itaperuna, Rio de Janeiro.

Atividades

1 Ligue as formas de relevo às suas características.

a) planaltos • • São áreas mais baixas do que aquelas a seu redor.

b) planícies • • São elevações de terra com grandes altitudes.

c) depressões • • Superfícies irregulares com altitudes acima de 300 metros, onde predomina o processo de perda e transporte de materiais.

d) montanhas • • São pequenas elevações de terra com topos arredondados.

e) chapadas • • São terras planas geralmente localizadas em áreas de baixas altitudes, próximas a rios e mares.

f) morros • • São elevações com topo plano e quedas acentuadas, lembrando degraus.

Geografia

2 Escreva o nome das formas de relevo de acordo com a legenda.

A) _____
B) _____
C) _____
D) _____

E) _____
F) _____
G) _____
H) _____

> O litoral brasileiro – ou costa brasileira – é banhado pelo Oceano Atlântico e apresenta relevos com formas variadas.

3 Encontre no diagrama algumas formas de relevo típicas do litoral brasileiro.

I	L	H	A	N	C	H	J	M	R	C	Y
A	D	L	N	T	P	O	Q	I	I	A	H
E	N	S	E	A	D	A	N	C	Y	B	B
G	C	P	M	J	F	C	E	A	M	O	A
R	T	S	F	A	L	É	S	I	A	X	Í
U	X	G	O	L	F	O	V	W	O	Z	A

4 Pesquise o que significa a palavra **arquipélago**.

_____
_____

254 **Geografia**

NOME: _____ DATA: _____

Água: um recurso essencial à vida

Vamos ler

[...]
A manta do rio invadia o oceano mansamente, como se pedisse sua bênção. O calor do Sol dava às gotinhas a sensação de mais liberdade e leveza. De repente, algumas delas começaram a flutuar.

— Nossa! Estou tão leve! – comentou Clara.

— Ué... Estou ouvindo sua voz, mas... onde está você? — perguntou Aninha. [...]

— Calma, está tudo bem. Isso é apenas uma evaporação — falou outra gotinha.
[...]

Márcia Prado Sartorelli. *Conversa vai, conversa vem*. 4. ed. São Paulo: FTD, 1999. p. 5.

Atividades

1 Faça a correspondência entre as colunas.

A	hidrografia	☐	Curso de água subterrânea formado pela infiltração das águas das chuvas.
B	lençol freático	☐	Massa de gelo formada em áreas em que a queda de neve é muito grande.
C	geleira	☐	Ramo da Geografia que estuda as águas da superfície da Terra.
D	água salgada	☐	Água dos rios, lagos, lençóis freáticos e geleiras.
E	água doce	☐	Água dos oceanos e mares.

Geografia

2 Escreva **V** para as afirmações verdadeiras e **F** para as afirmações falsas.

a) ☐ A maior parte da superfície terrestre é coberta de terra.

b) ☐ A água dos rios, lagos e lagoas muitas vezes é considerada imprópria para o consumo humano.

c) ☐ A maior parte da água existente no planeta Terra é encontrada nos mares e oceanos.

d) ☐ Para os seres vivos, a água é um recurso natural indispensável.

e) ☐ A água indicada para o consumo deve ser potável, ou seja, livre de impurezas.

3 Observe as imagens e identifique como a água está sendo utilizada.

a) _____

c) _____

b) _____

d) _____

NOME: _____ DATA: _____

Água: uso e preservação

Vamos ler

[...]
Joana viveu uma aventura tão surpreendente que mal teve tempo de ter medo. Solitária, caiu num terreno pedregoso e escorregou tão bruscamente para baixo que se sentiu engolida pela terra. [...]

Caiu em um rio subterrâneo.

— Quem diria! — comemorou. — Nunca pensei que tivesse diversão aqui embaixo! [...]

Muitas gotinhas sabiam da existência dos lençóis freáticos, uma forma de acumulação de água no subsolo da Terra. Eles davam origem a muitos rios e lagos. [...]

Márcia Prado Sartorelli. *Conversa vai, conversa vem*. 4. ed. São Paulo: FTD, 1999. p. 10.

Atividades

1 Escreva como você usa a água em seu dia a dia e o que faz para preservá-la.

_____
_____
_____
_____

2 Pesquise alguns dos maiores rios brasileiros e descreva suas principais utilidades.

_____
_____
_____

Geografia

3 Complete as frases com as palavras do quadro.

> nascente ou cabeceira – margens – leito – afluente – foz

a) _____ é o local por onde correm as águas do rio.

b) O rio que despeja suas águas em outro é chamado de _____.

c) _____ é o lugar onde um rio nasce.

d) _____ são as faixas de terra próximas às beiras do rio.

e) O lugar onde o rio desemboca, ou seja, despeja suas águas, é chamado de _____.

4 Numere de acordo com a legenda.

1 rios de planalto   **3** rios temporários
2 rios de planície   **4** rios perenes ou permanentes

a) ☐ Rios que correm em terras com pequenas irregularidades. Podem ser usados para navegação.

b) ☐ Rios que nunca secam.

c) ☐ Rios que ficam secos durante uma época do ano.

d) ☐ Rios que correm em terras irregulares, geralmente, com a presença de cachoeiras e cascatas. Podem ser utilizados para a instalação de usinas hidrelétricas.

5 Leia a tirinha e, com suas palavras, escreva por que Cascão está gostando da campanha da Mônica de preservar a água do planeta.

Mauricio de Sousa. *Saiba mais! Sobre sustentabilidade*, n. 61, set. 2012.

_____
_____
_____

Geografia

NOME: _____ DATA: _____

Brasil: tempo atmosférico e clima

Tempo chuvoso, nublado ou ensolarado são condições em que o **tempo atmosférico** pode se apresentar em determinado momento.

Mauricio de Sousa. *Almanaque do Chico Bento*. São Paulo: Panini, n. 33, 2012.

Atividades

1 Marque com um **X** as condições que o tempo atmosférico pode apresentar em determinados períodos.

a) ☐ nublado   d) ☐ suave   g) ☐ com ventos fortes

b) ☐ chuvoso   e) ☐ frio   h) ☐ quente

c) ☐ ensolarado f) ☐ colorido i) ☐ congelado

2 No momento, quais são as características do tempo atmosférico no lugar onde você está?

_____

3 Circule as afirmações verdadeiras.

a) A temperatura é a quantidade de calor presente no ar atmosférico.

b) Nos dias quentes, a evaporação diminui, tornando o ar mais seco.

c) Não é possível fazer previsões do tempo.

d) O termômetro é o aparelho usado para medir a variação de temperatura.

e) A umidade do ar é a quantidade de vapor de água presente na atmosfera em determinado momento.

f) Meteorologista é o profissional que estuda os fenômenos relacionados ao tempo atmosférico e faz, por exemplo, a previsão do tempo.

Geografia

Clima é o conjunto de condições atmosféricas que caracterizam determinado local; ele é estabelecido depois de anos de estudo contínuo das repetições das condições do tempo de um lugar.

O Brasil, por causa de sua grande extensão territorial, apresenta muita diversidade climática, com predomínio de clima quente.

Brasil: clima

Fonte: Gisele Girardi e Jussara Vaz Rosa. *Atlas geográfico do estudante.* São Paulo: FTD, 2011. p. 24.

4 Ligue os tipos de clima do Brasil às principais características deles.

a) equatorial ●   ● Clima quente, temperatura elevada, chuvas raras e mal distribuídas.

b) semiárido ●   ● Clima quente com temperatura superior a 25 °C. Chuvas bem distribuídas ao longo do ano.

c) tropical ●   ● Clima quente e úmido.

d) subtropical ●   ● Clima quente. Duas estações bem definidas: inverno seco e verão chuvoso.

e) tropical atlântico ●   ● Temperaturas mais baixas e chuvas bem distribuídas ao longo do ano.

5 Qual é o tipo de clima predominante no estado em que você mora?

Geografia

NOME: _____ DATA: _____

Vegetação brasileira

Com grande extensão territorial, clima e relevo diversificados, a vegetação brasileira também é muito rica, com diversos tipos de espécies e formações vegetais.

Caatinga em Angicos, Sergipe.

Restinga em Natal, Rio Grande do Norte.

Atividades

1 Escreva **V** para as afirmações verdadeiras e **F** para as afirmações falsas.

a) ☐ O clima influencia na formação da vegetação de uma área.

b) ☐ Vegetação nativa é a vegetação que não foi modificada ou transformada pela ação da sociedade.

c) ☐ O relevo não tem nenhuma influência na formação da vegetação de uma área.

d) ☐ A vegetação do Brasil varia de acordo com a área.

e) ☐ O tipo de solo também é importante na formação da vegetação de uma área.

2 Escreva duas ações humanas que modificaram a vegetação nativa do local em que você mora.

_____

_____

Geografia

3 Encontre no diagrama o nome de alguns tipos de vegetação que há no Brasil. Depois, complete as informações com os nomes encontrados.

M	U	S	H	F	L	O	R	E	S	T	A	N	Y	O	I
I	T	C	F	J	N	C	Q	C	A	A	T	I	N	G	A
A	Q	P	A	N	T	A	N	A	L	T	W	A	B	O	A
H	A	X	G	L	U	M	A	N	G	U	E	Z	A	L	W
B	I	E	H	M	P	M	R	S	U	V	S	O	U	A	T
C	E	R	R	A	D	O	P	H	S	A	U	B	E	V	A
U	A	X	M	R	E	S	T	I	N	G	A	I	T	U	V

Vegetação encontrada nos depósitos arenosos próximos à costa.

a) _____

Hábitat de caranguejos e de espécies de raízes aéreas.

d) _____

Vegetais de pequeno e médio porte com galhos retorcidos e espaçados.

b) _____

Vegetação encontrada em locais onde chove pouco e faz muito calor.

e) _____

Vegetação densa, fechada e de grande porte.

c) _____

Vegetação típica do Brasil, caracterizada por estar em áreas planas e alagadas.

f) _____

NOME: _____ DATA: _____

Atividades econômicas no campo

São chamadas de atividades econômicas a produção de bens e o fornecimento de serviços utilizados no cotidiano. No campo ou no espaço rural são desenvolvidas as atividades primárias: agricultura, pecuária e extrativismo.

Mauricio de Sousa. *Saiba mais! Sobre o Dia do Trabalho*. São Paulo: Panini, n. 20, p. 9, 2009.

"POR MEIO DO TRABALHO NO CAMPO, SURGEM VÁRIOS PRODUTOS VINDOS DO CULTIVO DA TERRA E DA CRIAÇÃO DE ANIMAIS..."

PECUÁRIA CRIAÇÃO DE ANIMAIS

AGRICULTURA CULTIVO DA TERRA

Atividades

1 Resolva o diagrama de palavras com o nome da atividade econômica indicada.
   a) Atividade de cultivar a terra.
   b) Atividade de criação de animais como bovinos, caprinos, suínos e aves.
   c) Atividade que consiste em extrair da natureza os recursos que ela oferece.

Geografia 263

2 Complete as frases usando as palavras do quadro.

> monocultura – subsistência – latifúndio – matéria-prima

a) Produção de _____ é feita para o consumo do trabalhador e sua família. O excedente da produção, caso haja, é comercializado.

b) A produção agrícola de um único tipo de mercadoria recebe o nome de _____.

c) É da _____ que se fabricam outros produtos.

d) _____ é uma grande propriedade rural.

> A agricultura exige cuidados especiais com o solo e também com as plantações.

3 Observe cada imagem a seguir e escreva o nome da técnica agrícola empregada.

Retirar o excesso de água do terreno.
a) _____

Enriquecer o solo com adubo.
c) _____

Combater as pragas que atacam a lavoura.
b) _____

Umedecer a terra por meios artificiais.
d) _____

Geografia

Atividades econômicas no campo e na cidade

Existem diferentes tipos de criação de animal.

Apicultura em Embu, São Paulo.

Piscicultura em Palmitos, Santa Catarina.

Atividades

1 Ligue o tipo de criação ao animal correspondente a ele.

a) avicultura
b) ranicultura
c) apicultura
d) sericultura

• rãs
• aves
• bicho-da-seda
• abelhas

2 Sublinhe as informações de acordo com a legenda.

▢ Gado criado solto nos pastos.

▢ Gado criado em estábulos e pastagens cercadas.

a) pecuária intensiva   b) pecuária extensiva

3 Numere os itens de acordo com o tipo de extrativismo.

| 1 | animal | 2 | mineral | 3 | vegetal |

a) ▢ extração de látex
b) ▢ carne
c) ▢ sal
d) ▢ lã

e) ▢ couro
f) ▢ castanhas
g) ▢ metais
h) ▢ madeira

Geografia

O trabalho realizado no espaço urbano é caracterizado pelas atividades de comércio, indústria e prestação de serviços.

"AS ATIVIDADES SECUNDÁRIAS ESTÃO LIGADAS À TRANSFORMAÇÃO DAS MATÉRIAS-PRIMAS DA NATUREZA EM PRODUTOS INDUSTRIALIZADOS..."

Mauricio de Sousa. *Saiba mais! Sobre o Dia do Trabalho*. São Paulo: Panini, 2009, n. 20, p. 11.

4 Circule apenas os produtos industrializados e escreva o nome da principal matéria-prima empregada em sua fabricação.

_____

5 Observe a imagem e escreva as profissões dos personagens retratados.

"AS ATIVIDADES TERCIÁRIAS SÃO FEITAS POR UM GRUPO DE TRABALHADORES QUE PRESTAM SERVIÇOS ÀS PESSOAS..."

Mauricio de Sousa. *Saiba mais! Sobre o Dia do Trabalho*. São Paulo: Panini, 2009, n. 20, p. 12.

_____

6 Que outras profissões você conhece? Faça uma lista no caderno.

Geografia

NOME: _____ DATA: _____

O Universo

Vamos ler

Universo: origem

O **universo** é conjunto de galáxias, estrelas, planetas e corpos celestes, alguns já identificados, mas muitos ainda desconhecidos pelo ser humano.

É impossível ter ideia de seu tamanho.

A própria origem do nome já explica isso: *univérsus*, "todo, todo inteiro; o universo", com origem no idioma Latim.

Disponível em: <www.smartkids.com.br/especiais/universo.html>. Acesso em: ago. 2015.

Galáxia de Andrômeda.

Atividades

1 Circule o que significa Universo.

a) Conjunto de todos os astros do espaço celeste.

b) Conjunto de todas as estrelas do espaço terrestre.

2 Faça a correspondência entre as informações.

a) Astros luminosos ●   ● não têm luz própria.

b) Astros iluminados ●   ● têm luz própria.

3 Pinte os quadros de acordo com a legenda.

▨ Estrela que está mais perto da Terra.
▨ Astros que têm luz própria.
▨ Satélite natural da Terra.
▨ Astros que não têm luz própria.

planetas	cometas	Sol
asteroides	estrelas	satélites naturais
Lua	meteoros	galáxia

Ciências 267

4 Ordene as sílabas para formar palavras e, depois, utilize-as para completar as frases.

| NEPLATAS | TURAISNA TÉSATESLI |

a) _____ são astros que giram ao redor de um planeta.

b) Os _____ são astros que giram ao redor de uma estrela.

5 Nomeie corretamente os planetas do Sistema Solar e pinte-os.

NOME: _____ DATA: _____

O Universo e a Astronomia

Vamos ler

Gira-gira ao redor da terra

Neste exato momento, milhares de objetos feitos por humanos giram ao redor da Terra: são os satélites artificiais. Fora da atmosfera terrestre, eles têm várias missões, como capturar imagens e outros tipos de dados por meio de sofisticados instrumentos para ajudar os cientistas a investigar a Terra e o espaço. [...]

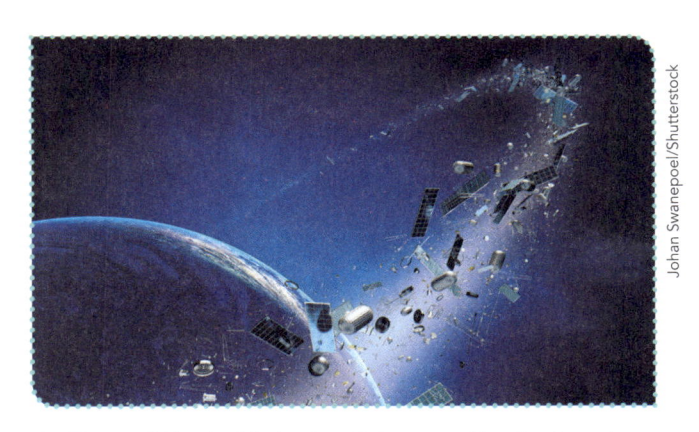

Eder Cassola Molina. Gira-gira ao redor da Terra. *Ciência Hoje das Crianças*, Rio de Janeiro: Instituto Ciências Hoje, ano 24, n. 221, p. 8, 2011.

Atividades

1) Marque um **X** nas informações verdadeiras.
- a) ☐ A trajetória dos planetas ao redor do Sol é chamada de órbita.
- b) ☐ Mercúrio é o planeta mais próximo do Sol.
- c) ☐ O planeta Terra tem 13 satélites naturais.
- d) ☐ Contando a partir do Sol, Júpiter é o quinto planeta do Sistema Solar.
- e) ☐ Cheia, minguante, nova e crescente são fases da Lua.
- f) ☐ Cada fase da Lua dura aproximadamente sete dias.
- g) ☐ Nosso Sistema Solar é composto de uma estrela, planetas, satélites, planetas-anões, asteroides e cometas.
- h) ☐ São oito os planetas do Sistema Solar.

2) De acordo com as características descritas, escreva o nome do planeta.

a) É gasoso, não pode ser visto a olho nu, tem 13 satélites naturais e é o oitavo planeta mais distante do Sol.

_____

b) Segundo maior planeta do Sistema Solar, é conhecido como "planeta dos anéis" e o último planeta que pode ser visto da Terra a olho nu.

_____

3 Responda às questões a seguir.

a) Qual é o nome da Ciência que estuda a localização, a constituição e os movimentos dos astros?

_____

b) Qual é o nome do profissional que se dedica aos estudos desta Ciência?

_____

4 Circule a resposta correta em cada item.

a) Galáxia onde moramos.

- Sombreiro
- Centaurus A
- Via Láctea

b) Nome dado aos buracos formados por meteoritos quando atingem um planeta.

- vulcões
- crateras
- asteroides

c) Nome dado aos astros que completam uma órbita sempre no mesmo intervalo de tempo.

- periódicos
- aleatórios
- sem retornos

d) Nome da pessoa que viaja para o espaço em veículo espacial.

- bombeiro
- astro
- astronauta

e) Nome da nave espacial que levou o primeiro ser humano à Lua.

- Diogo III
- Apollo 11
- Diogo 11

f) Nome do primeiro astronauta brasileiro.

- Marcos Pontes
- Marcos Sérgio
- Marcos Túnel

g) Veículo espacial usado para lançar naves no espaço e também para levar pessoas em voo espacial.

- ônibus espacial
- nave
- estação espacial

Ônibus espacial Discovery em operações de teste, 2005.

NOME: _____ DATA: _____

A formação da Terra

Em seu período de formação, a Terra parecia uma massa derretida, incandescente, com lavas de vulcões desprendendo vários tipos de gases na atmosfera. Depois, por um longo período foi se resfriando, e esses vapores de água formaram as chuvas, que a inundaram. Mais um período se passou e partes sólidas emergiram formando a camada externa e sólida do planeta.
Bilhões de anos se passaram para que a Terra apresentasse as condições de vida que conhecemos.

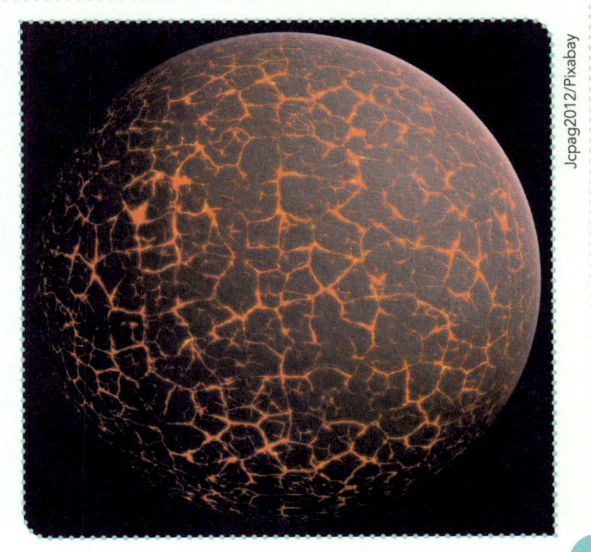

Concepção artística dos primórdios da Terra.

Atividades

1 Encontre no diagrama o nome dos elementos que possibilitam a vida na Terra. Depois, utilize-os para completar as frases.

W	H	I	D	R	O	S	F	E	R	A
G	W	S	R	E	T	R	K	T	M	E
Y	R	C	K	Q	V	P	I	L	J	M
A	T	M	O	S	F	E	R	A	X	R
R	K	T	M	E	R	C	K	Q	R	E
H	L	I	T	O	S	F	E	R	A	A

a) _____ é a camada de ar que envolve a Terra.

b) A camada de água do nosso planeta é chamada de _____.

c) A camada sólida da Terra, a _____, é formada por rochas e minerais.

Ciências 271

2 No esquema a seguir, escreva o nome das camadas da Terra.

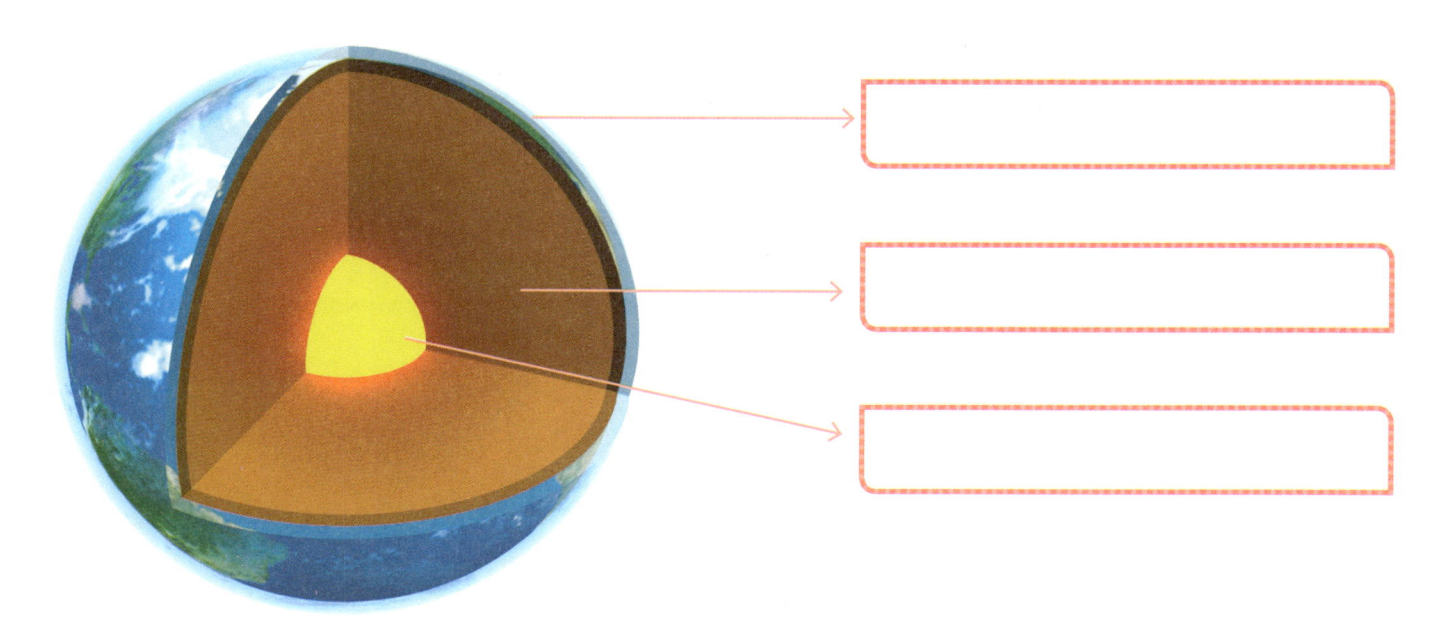

```
[                    ]
[                    ]
[                    ]
```

3 Escreva **certa** ou **errada** para as afirmações a seguir.

a) [   ] No início, quando a Terra estava se formando, havia muitas geleiras.

b) [   ] Em sua formação, o planeta Terra era uma esfera incandescente, em brasa.

c) [   ] O vulcão solta lava quando está em atividade.

d) [   ] O núcleo é a parte externa da Terra.

e) [   ] O núcleo do planeta Terra é muito quente.

f) [   ] A atmosfera é composta de gases, entre eles o oxigênio e o gás carbônico.

g) [   ] Na litosfera podem ser encontradas muitas riquezas minerais, como o ouro.

h) [   ] As pessoas vivem, plantam e criam na hidrosfera.

4 Pesquise e responda à questão a seguir.
- Atualmente existe algum vulcão em atividade? Se a resposta for afirmativa, escreva o nome dele e em que país está localizado.

_____
_____
_____

Ciências

NOME: _____   DATA: _____

Planeta Terra: nossa morada

A Terra vista do espaço é predominantemente azul. É na litosfera, a camada externa da Terra, que encontramos as condições fundamentais para a vida no planeta. Essa camada sólida é constituída por rochas e minérios.

A Terra é azul!

Atividades

1 Pinte o quadro com o nome da camada da Terra na qual há rochas.

| manto | hidrosfera | litosfera |

2 Escreva três utilidades das rochas, também chamadas de pedras.

_____
_____
_____

3 Circule o nome da rocha que tem origem na espuma de lavas vulcânicas.

granito   ardósia

arenito   mármore

argila   pedra-pomes

Ciências 273

4 Organize os números em ordem crescente e descubra o que significa **biosfera**.

2	5	1	6	3	4
da	há	Região	vida.	Terra	onde

_____

5 Cite os ambientes que formam a biosfera.

_____

6 Marque um **X** no nome dos elementos que dão condições para o desenvolvimento da vida no planeta Terra.

a) ☐ ouro   c) ☐ Sol   e) ☐ água   g) ☐ vidro

b) ☐ ar   d) ☐ luz   f) ☐ vulcão   h) ☐ calor

7 Ligue o ser vivo às características que desenvolveu para sobreviver no local onde habita.

a) camelo ●   ● Folhas em forma de espinhos que evitam perder água por transpiração. A água é armazenada no caule.

b) cacto ●   ● Tem uma grossa camada de gordura e de pelo branco para manter o corpo aquecido.

c) urso-polar ● ● Pode ficar até duas semanas sem beber água, pois retira dos alimentos que come a água de que necessita.

8 Explique com suas palavras o que possibilitou o surgimento das formas de vida que habitam a Terra?

_____
_____
_____
_____

Ciências

NOME: _____ DATA: _____

O solo

O solo é a camada mais superficial da crosta terrestre e é onde se desenvolvem muitas espécies de plantas e animais, como minhocas, formigas etc. As rochas que ficam expostas ao ambiente sofrem a ação da chuva, dos ventos, das mudanças de temperatura, das águas dos rios e dos seres vivos. Com o passar do tempo, elas vão fragmentando-se e formando o solo. Além dos minerais, restos de plantas e animais mortos acumulam-se no solo e passam a fazer parte dele. Microrganismos, pequenos animais, ar e água também compõem o solo. Todo esse processo leva milhões de anos para ocorrer.

Atividades

1 Marque um **X** nas informações verdadeiras.

a) ☐ O solo é a camada superficial do planeta Terra chamada de litosfera.

b) ☐ O desgaste das rochas pela ação da água, do vento, do gelo, das mudanças de temperatura e dos seres vivos dá origem ao solo.

c) ☐ Alguns animais vivem no solo.

d) ☐ As pessoas vivem, plantam, criam animais e constroem moradias na hidrosfera.

e) ☐ É do solo que o ser humano e os outros animais retiram muitos alimentos.

2 Identifique os componentes que formam o solo.

a) componentes líquidos •   • fragmentos de rochas e de seres vivos em decomposição

b) componentes sólidos •   • ar

c) componentes gasosos •   • água

Ciências

Além de muitos animais retirarem o alimento do solo, este serve de moradia para alguns deles; há ainda aqueles animais que contribuem para a sua fertilização.

3 Faça a correspondência entre o animal e sua ação no solo.

• Podem viver em túneis cavados no solo ou usá--lo para erguer cupinzeiros.

• Cavam túneis no solo, arejando-o e possibilitando que o ar e a água circulem nele.

• Decompõem animais e plantas, contribuindo para formação de húmus no solo.

• Alimentam--se de folhas macias e fungos (cogumelos) e, assim, acabam ajudando a enriquecer o solo com húmus.

4 Faça uma pesquisa e descubra qual é o animal da questão anterior que, por se alimentar de restos de outros animais e de vegetais, deixa, pela deposição das fezes, o solo melhor, mais estruturado.

_____

5 Pesquise as informações pedidas e escreva nas linhas a seguir o que encontrou.
a) O que é húmus?

_____
_____
_____

b) Cite outros animais que vivem no solo, além da minhoca e do cupim.

_____
_____

Ciências

NOME: _____ DATA: _____

Tipos de solo

Existem solos amarelados, avermelhados, escuros, claros etc. Isso ocorre porque são originados de diferentes tipos de rochas e material orgânico.

Solo argiloso.   Solo arenoso.   Solo humífero.

Atividades

1 Encontre no diagrama os três principais componentes sólidos do solo.

Q	W	Z	R	E	B	Ú	S	H	A
A	R	E	I	A	D	B	A	Ú	F
P	T	Á	Ç	M	F	P	B	M	Q
Ó	Ç	J	K	Ú	B	Ç	D	U	N
L	D	P	K	S	T	R	L	S	I
A	R	G	I	L	A	Q	É	B	B

2 De acordo com as características descritas a seguir, circule o tipo de solo.

a) Solo que encharca com facilidade, e seu principal componente é a argila. É composto de grãos bem pequenos, unidos uns aos outros, dificultando o desenvolvimento de muitas plantas.

- humífero
- arenoso
- argiloso

Ciências

b) Solo que retém pouca água, e seu principal componente é a areia. Poucas plantas conseguem se desenvolver nesse solo.

- arenoso
- humífero
- argiloso

c) Solo mais solto, no qual a água passa na quantidade adequada e a quantidade de matéria é equilibrada. É ideal para o desenvolvimento de plantas.

- argiloso
- humífero
- arenoso

> Para que o solo seja fértil, algumas técnicas podem ser usadas.

3 Complete o diagrama de palavras.

a) Retira o excesso de água do solo.
b) Molha o solo borrifando, gotejando ou respingando água.
c) Acrescenta ao solo os nutrientes que estão faltando.
d) Remexe o solo antes do plantio para torná-lo mais fofo, facilitando o desenvolvimento das raízes e permitindo que o ar e a água circulem.

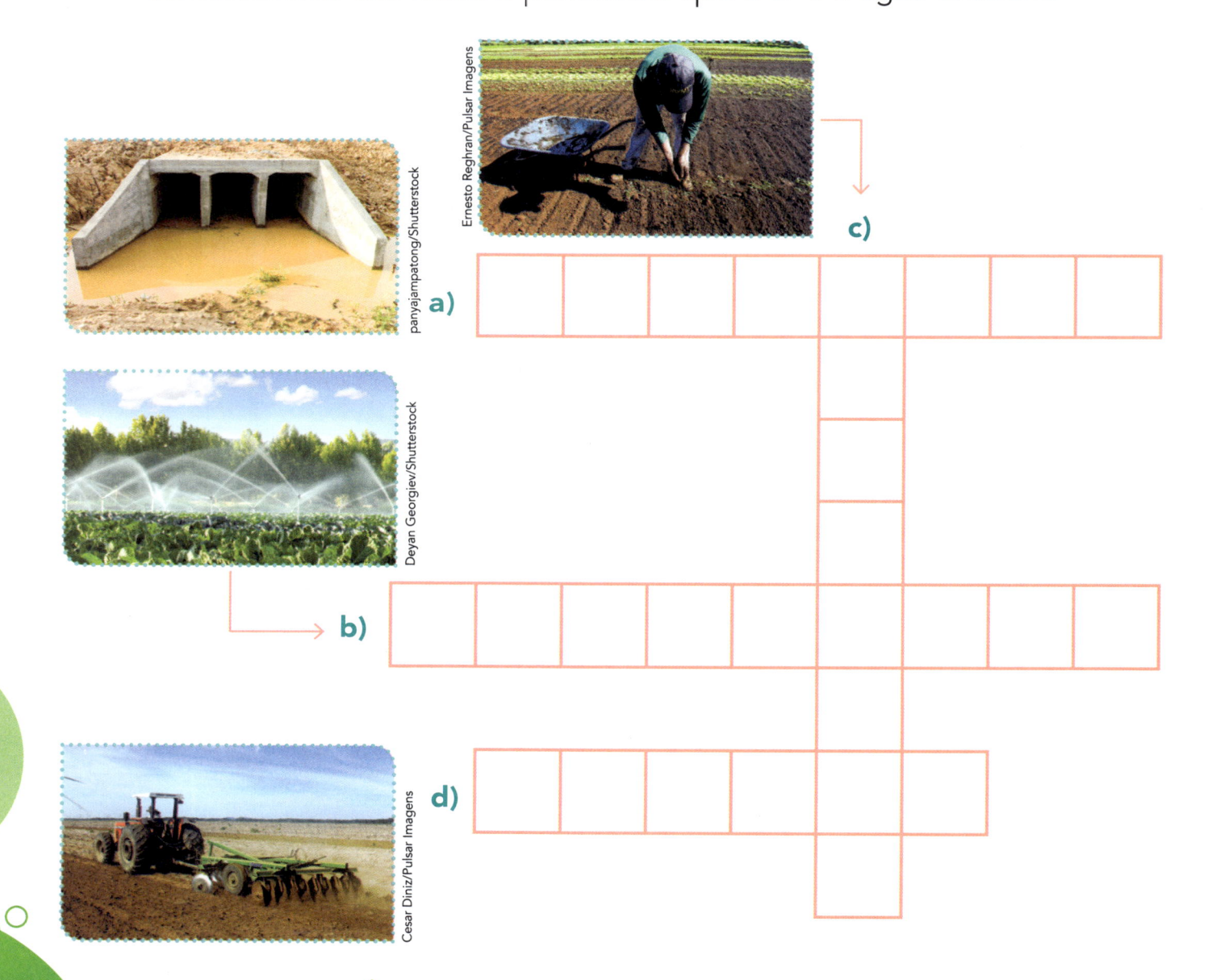

NOME: _____ DATA: _____

A atmosfera

A Terra é envolvida por uma camada de gases chamada atmosfera. Esses gases são importantes porque mantêm a temperatura da Terra e a protegem de meteoritos.

Atividades

1) O ar é uma mistura de gases. Circule os três gases que existem em maior quantidade no ar.

a) nitrogênio **b)** argônio **c)** gás carbônico **d)** oxigênio

2) Escreva o nome do gás de acordo com as características a seguir.

a) Fundamental para respiração da maioria dos seres vivos.

_____

b) Encontrado em maior quantidade no ar.

_____

c) Fundamental para as plantas produzirem o próprio alimento por meio da fotossíntese.

_____

Para que ocorra a combustão, ou seja, a queima de materiais, é necessário que haja oxigênio, também chamado de comburente.

3 Observe a imagem e faça o que se pede.

a) Circule as imagens que representam uma combustão.

b) Com suas palavras, explique o que aconteceu quando a combustão acabou.
_____
_____

4 Responda à questão a seguir com base em seus estudos.
- O que é vento?
_____
_____

5 Observe o esquema. Depois, ordene as palavras e descubra mais alguma informação sobre a movimentação do ar na atmosfera.

5	2	1	18	21	3	4
Terra	Sol	O	espaço	quente.	aquece	a

20	11	14	13	16	15	6
ar	Então,	frio	ar	ocupando	desce,	e

8	10	9	12	19	7	17
ar	sobe.	aquecido	o	do	o	o

_____
_____

280 **Ciências**

NOME: _____ DATA: _____

Vento e propriedades do ar

Vamos ler

Mauricio de Sousa. *Cascão*, São Paulo: Panini, n. 2, 2007.

Atividades

1 Encontre no diagrama o nome de alguns tipos de vento.

O	B	R	I	S	A	U	M	V	R	I	N
F	U	R	A	C	Ã	O	V	A	V	E	P
X	F	M	U	Y	H	W	A	E	S	O	U
P	A	D	V	E	N	T	A	N	I	A	J

2 De acordo com as características dadas, escreva o nome do aparelho relacionado a elas. Utilize as palavras do quadro.

anemômetro – biruta

a) Equipamento que possibilita verificar a direção dos ventos. _____

b) Aparelho usado para verificar a velocidade dos ventos. _____

3 Marque um **X** nas frases que indicam as utilidades do vento.

a) ☐ Ajuda a manter o clima da Terra.

b) ☐ Movimenta moinhos para triturar grãos.

c) ☐ Carrega as nuvens com chuvas.

d) ☐ Inunda o planeta.

e) ☐ Espalha sementes.

f) ☐ Move barcos a vela.

4 Ordene as letras e descubra o nome da energia que os ventos podem produzir.

ÓECALI

_____

> Não podemos ver o ar, nem podemos pegá-lo, mas percebemos que ele existe. O ar não tem cor (incolor), não tem cheiro (inodoro) e não tem sabor (insípido).

5 Ligue cada propriedade do ar à imagem que lhe corresponde.

a) O ar ocupa espaço. ●

b) O ar tem massa. ●

c) O ar pode ser comprimido. ●

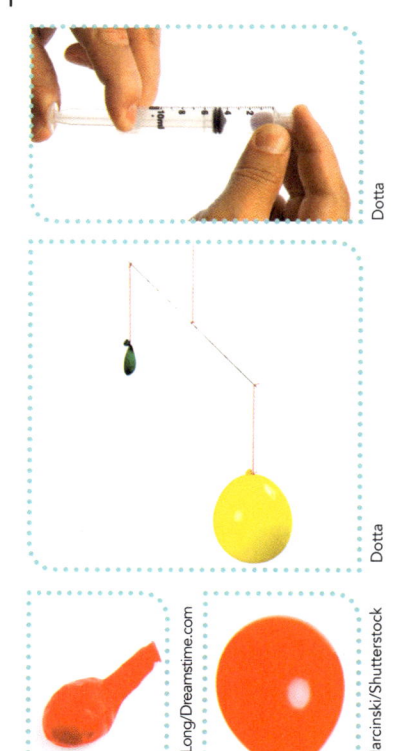

Ciências

NOME: _____ DATA: _____

A água no planeta Terra

A água é um elemento indispensável para os seres vivos do planeta Terra. A maior parte da superfície do planeta é coberta de água. A água é formada por dois elementos químicos: hidrogênio e oxigênio.

A água, cuja fórmula é H_2O, pode ser encontrada em diversos lugares. Veja:

Rios. Mares. Geleiras.

Atividades

1 Marque um **X** nas frases que afirmam a importância da água para os seres vivos.

a) ☐ Todo ser vivo tem água em sua constituição.

b) ☐ A água é importante para a higiene pessoal e a do ambiente.

c) ☐ Não utilizamos água em nossa alimentação.

d) ☐ A água é o hábitat de muitos seres vivos.

2 Relacione a segunda coluna com a primeira.

1	água salgada	☐ Tem menos quantidade de sais minerais e é encontrada em rios, lagos etc.
2	água doce	☐ Surge aquecida na superfície da terra por estar em contato com as regiões mais quentes do subsolo.
3	água mineral	☐ Tem grande quantidade de sais minerais e é encontrada nos oceanos.
4	água termal	☐ Encontrada em fontes naturais, contém um ou mais minerais em maior quantidade.

Ciências 283

3 Qual é o tipo de água descrito na atividade anterior que pode ser usado para tratar a saúde?

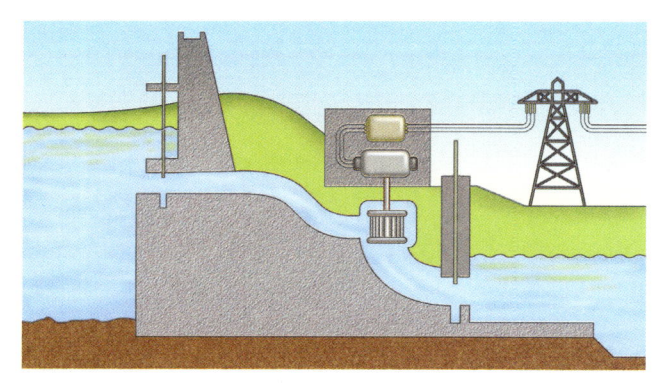

_____

4 Observe a imagem de uma usina e escreva o nome do que é produzido com a força das águas.

_____

> Apesar de nosso planeta ser formado principalmente por água, a maior parte dela não é própria para o consumo. Por isso, precisamos preservá-la e aprender a não desperdiçá-la.

5 Escreva de que forma você pode colaborar a economizar água e, assim, preservá-la.

_____

_____

_____

6 A água tem algumas propriedades. Escreva **V** quando a afirmação for verdadeira e **F** quando for falsa.

a) ☐ A água é considerada solvente universal por ter a capacidade de dissolver muitas substâncias.

b) ☐ Uma propriedade da água é ser leve.

c) ☐ Por ter peso, a água exerce força nos corpos mergulhados, ou seja, faz pressão sobre eles.

d) ☐ A superfície da água oferece uma resistência denominada tensão superficial.

e) ☐ A água é incolor, ou seja, não tem cor.

f) ☐ A água não tem cheiro, ou seja, é inodora.

g) ☐ Por não ter sabor, dizemos que a água é insípida.

NOME: _____ DATA: _____

Estados físicos da água

A água é encontrada na natureza em três estados físicos: líquido, sólido e gasoso.

— Estou com uma sede!
— Venha, sei onde encontrar água.
— Ué! Cadê a água?
— São as mudanças de estado físico da água!

Atividades

1 Observe as imagens e identifique nelas os estados físicos da água, de acordo com a legenda.

1 líquido

2 sólido

3 gasoso

Ciências 285

2 Pinte o quadrinho da afirmação que for correta.

a) A água pode mudar de um estado físico para outro. ☐

b) A neve e o granizo não são água congelada. ☐

c) A água na atmosfera é apresentada em forma de vapor. ☐

3 Organize as sílabas de cada quadro para descobrir o nome de algumas mudanças de estado físico da água.

| VAERAÇÃOPO | ÇÃOBUELI | SÃOFU |

| DILISOÇÃOCAFI | LEFAÇÃOCA | DENÇÃOSACON |

- Agora, complete as frases com as palavras que você descobriu.

a) _____ é a mudança rápida da água que está no estado líquido para o estado de vapor.

b) A mudança da água do estado líquido para o sólido chama-se _____.

c) A _____ é a transformação da água do estado sólido para o líquido.

d) A mudança instantânea da água do estado líquido para o estado de vapor chama-se _____.

e) A mudança lenta da água da forma líquida para a forma de vapor é chamada de _____.

f) _____ ou liquefação é a mudança da água do estado gasoso para o estado líquido.

4 Escreva duas formas de purificar a água em casa.

_____

5 Circule a frase que explica o que é saneamento básico.

a) Ação dos políticos para se elegerem.

b) Conjunto de procedimentos que garante condições de higiene e saúde para a população por meio da água e do esgoto encanados.

NOME: _____ DATA: _____

Terra: planeta de biodiversidade

Biodiversidade é o conjunto de todas as espécies de seres vivos e ecossistemas de determinada região.

Vamos ler

Ter tantos seres diferentes habitando o mesmo planeta é um privilégio. Os cientistas chamam essa riqueza de biodiversidade. [...]

Paulo Artaxo. Mudanças no clima, mudanças na biodiversidade. *Ciência Hoje das Crianças*, Rio de Janeiro: Instituto Ciências Hoje, ano 23, n. 214, p. 3, 2010.

Atividades

1 Pinte os quadradinhos das frases de acordo com a legenda.

■ ecossistema   ■ biodiversidade   ■ cadeia alimentar

a) ☐ Grande variedade de formas de vida do planeta.

b) ☐ Conjunto de seres vivos e elementos não vivos do meio ambiente e toda relação entre eles.

c) ☐ São as relações alimentares que se formam entre os seres vivos em um ecossistema.

Ciências 287

2 Encontre no diagrama o nome de cinco tipos de interferência humana que destroem o ecossistema.

C	P	Q	U	E	I	M	A	D	A	D	R	O	I	M
A	B	D	J	A	G	U	A	R	W	A	U	H	Y	A
Ç	W	H	D	E	S	M	A	T	A	M	E	N	T	O
A	H	P	O	L	U	I	Ç	Ã	O	R	U	X	I	E
M	A	S	O	L	O	F	R	G	U	A	E	I	N	S
O	G	H	C	O	N	T	A	M	I	N	A	Ç	Ã	O

3 Observe a representação de uma cadeia alimentar.

- Agora, sublinhe as informações verdadeiras.

a) Para a sobrevivência dos seres vivos é importante que as cadeias alimentares estejam equilibradas.

b) Teia alimentar é a interligação de várias cadeias alimentares.

c) Quando ocorre equilíbrio ambiental, um tipo de animal prolifera, ou seja, multiplica-se.

d) A alteração das cadeias alimentares resulta em desequilíbrio ambiental.

e) Várias cadeias alimentares não podem se misturar.

4 Faça a correspondência correta.

a) produtor ●

b) consumidor ●

c) decompositor ●

● Ser vivo que se alimenta de outro ser vivo.

● Ser vivo capaz de produzir o próprio alimento, como as plantas.

● Seres vivos, como fungos e bactérias, que transformam os restos de outros seres vivos.